Comprendre la glande thyroïde

Dr Anthony Toft

MODUS VIVENDI

IMPORTANT

Ce livre ne vise pas à remplacer les conseils médicaux personnalisés, mais plutôt à les compléter et à aider les patients à mieux comprendre leur problème.

Avant d'entreprendre toute forme de traitement, vous devriez toujours consulter votre médecin.

Il est également important de souligner que la médecine évolue rapidement et que certains des renseignements sur les médicaments et les traitements contenus dans ce livre pourraient rapidement devenir dépassés.

Paru sous le titre original de : *Understanding Thyroid Disorders*

LES PUBLICATIONS MODUS VIVENDI INC.
55, rue Jean-Talon Ouest, 2e étage
Montréal (Québec) Canada H2R 2W8

Directeur général : Marc Alain
Design de la couverture : Catherine Houle
Infographie : Modus Vivendi
Traduit de l'anglais par : Renée Boileau

ISBN-13 978-2-89523-526-2

Dépôt légal - Bibliothèque et Archives nationales du Québec, 2008
Dépôt légal - Bibliothèque et archives Canada, 2008

Nous reconnaissons l'aide financière du gouvernement du Canada par l'entremise du Programme d'aide au développement de l'industrie de l'édition (PADIÉ) pour nos activités d'édition.

Gouvernement du Québec — Programme de crédit d'impôt pour l'édition de livres — Gestion SODEC

Imprimé en Chine

Table des matières

À propos de l'auteur

Dr Anthony Toft CBE, M.D., FRCP
Le Dr Toft est médecin-conseil et endocrinologue au *Royal Infirmary of Edinbugh* où il se spécialise dans le diagnostic et le suivi médical des patients atteints de troubles thyroïdiens. Il a été président de la *British Thyroid Association* et du *Royal College of Physicians of Edinburgh*.

Introduction

Qu'est-ce que la thyroïde ?

La thyroïde est une glande située à l'avant du cou, entre la peau et le larynx. Elle est constituée d'un lobe droit et d'un lobe gauche de cinq centimètres de longueur qui se joignent à la ligne médiane. L'ensemble de la glande pèse environ 20 g (moins d'une oz) . Malgré sa petite taille, c'est un organe très important qui contrôle notre métabolisme et le fonctionnement normal de chaque cellule de l'organisme.

Les hormones thyroïdiennes

La thyroïde exerce son contrôle en fabriquant les hormones (consultez le glossaire à la page 97) thyroxine (T4) et triiodothyronine (T3) qu'elle sécrète dans la circulation sanguine.

L'iode est un élément important de ces hormones. Il y a quatre atomes d'iode dans chaque molécule de thyroxine, d'où l'abréviation T4, et trois atomes d'iode dans chaque molécule de triiodothyronine ou T3.

Les médecins croient que la T4 ne s'active que lorsqu'elle se convertit, surtout dans le foie, en T3, en enlevant un atome d'iode. Dans certaines régions du monde où l'alimentation est très pauvre en iode, comme l'Himalaya, la thyroïde ne dispose pas suffisamment d'iode pour fabriquer des quantités adéquates de T3 et de T4.

Les zones rouges de cette carte du monde illustrent les régions où le goitre dû à la carence en iode est un trouble courant. La principale raison est l'absence d'iode en quantité suffisante dans le sol, et donc dans les aliments.

Pour compenser cette carence, la thyroïde grossit et forme ce qu'on appelle le goitre, qui est apparent. Si elle n'arrive toujours pas à fabriquer des quantités d'hormones suffisantes, le patient souffre d'hypothyroïdie (voir p. 35).

On ne trouve pas de carence en iode au Royaume-Uni. Parfois, lorsque l'alimentation est trop riche en iode ou à cause des médicaments, la thyroïde produit trop d'hormones.

Équilibrer les hormones

Chez les personnes en santé, les niveaux de T3 et T4 dans le sang sont maintenus à l'intérieur de limites très strictes par une hormone, la thyréostimuline (TSH) ou thyrotropine. La TSH est sécrétée par l'adénohypohyse, une structure de la grosseur d'un pois. Elle est située sous la face inférieure du cerveau dans une petite dépression osseuse, juste derrière les yeux, à la base du crâne.

La thyroïde

La thyroïde est une glande en forme de papillon, logée dans la partie inférieure du cou, devant le larynx; cette glande comprend deux lobes situés de part et d'autre de la trachée.

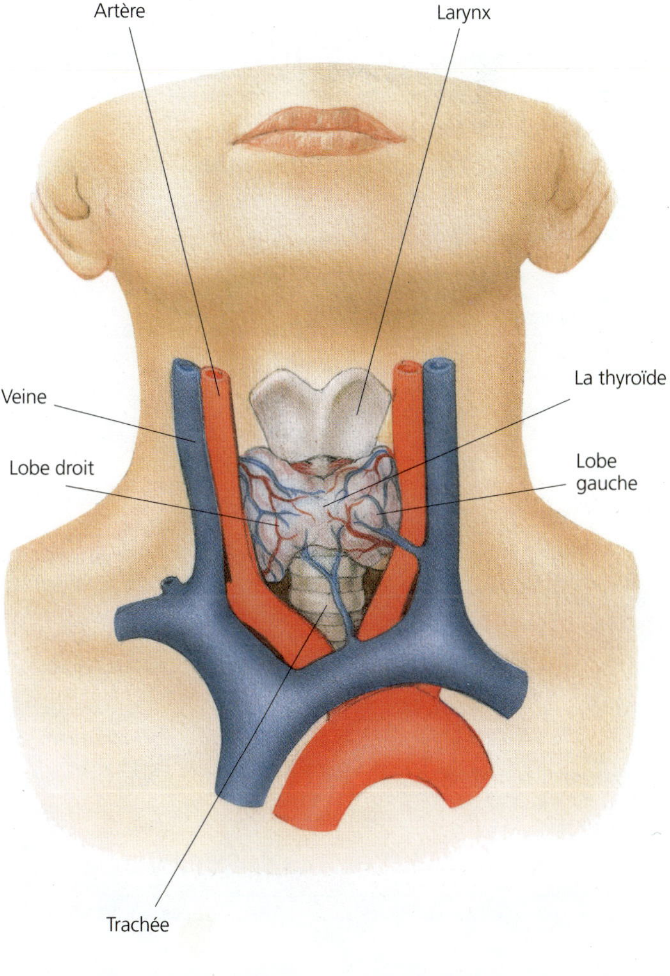

Lorsque des troubles thyroïdiens entraînent une chute des taux d'hormones thyroïdiennes dans le sang, la sécrétion de TSH de l'adénohypophyse augmente; lorsque ces taux augmentent, la sécrétion de TSH cesse. Cette relation de « rétrocontrôle négatif » est bien connue des ingénieurs et des biologistes.

L'hypothyroïdie et l'hyperthyroïdie

Si votre médecin de famille soupçonne que votre thyroïde ne produit pas assez d'hormones (hypothyroïdie), son diagnostic sera confirmé en envoyant un échantillon sanguin au laboratoire à des fins d'analyse. De faibles niveaux sanguins de T3 et T4 et un niveau élevé de TSH donneront raison à votre médecin.

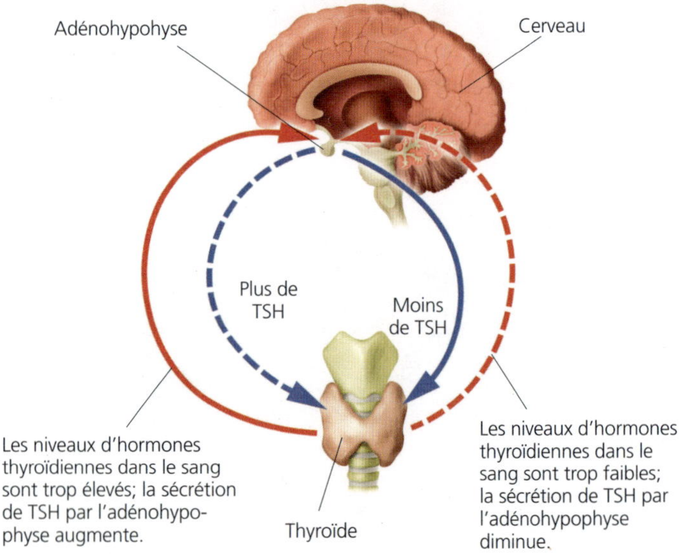

La production d'hormones thyroïdiennes par la thyroïde est régulée par l'adénohypophyse, qui produit la thyréostimuline (TSH) en réponse aux niveaux de ces hormones dans le sang.

De la même façon, on confirme le diagnostic d'une thyroïde qui produit trop d'hormones (hyperthyroïdie) par des niveaux sanguins élevés de T3 et T4 et des niveaux faibles de TSH. Les résultats sont habituellement disponibles au bout de quelques jours.

Les patients qui souffrent d'hypothyroïdie sans complication ne seront pas dirigés vers un hôpital. Votre médecin peut prescrire votre traitement et le surveiller. La plupart des patients qui souffrent d'hyperthyroïdie ou d'une augmentation du volume de la thyroïde seront dirigés vers un médecin spécialiste de l'hôpital. Celui-ci procédera à des examens plus approfondis et offrira des conseils sur le traitement à suivre.

Les troubles de la thyroïde sont courants. L'hyperthyroïdie, l'hypothyroïdie; le développement anormal ou l'augmentation du volume de la glande (goitre ou nodule thyroïdien) touche environ une personne sur vingt. La plupart des troubles de la thyroïde peuvent être traités. Même le cancer, qui est rare, ne réduit pas l'espérance de vie avec le dépistage précoce et un traitement approprié.

Ces troubles sont souvent héréditaires, mais de façon imprévisible. Certaines formes sont associées à une propension accrue au diabète sucré ou à l'anémie pernicieuse. Tous les troubles de la thyroïde sont plus courants chez les femmes. Les chapitres suivants abordent chacun des troubles de la thyroïde les plus courants.

Présentation d'un cas

Ahmed est né dans un village des hautes montagnes au nord du Pakistan, où il a vécu la plus grande partie de son enfance. À l'âge de 20 ans, il s'est rendu à Londres afin de poursuivre des études de génie. Lors d'un examen médical de routine, on a remarqué qu'il souffrait d'un goitre. Il se sentait bien et tous les tests de la thyroïde étaient normaux.

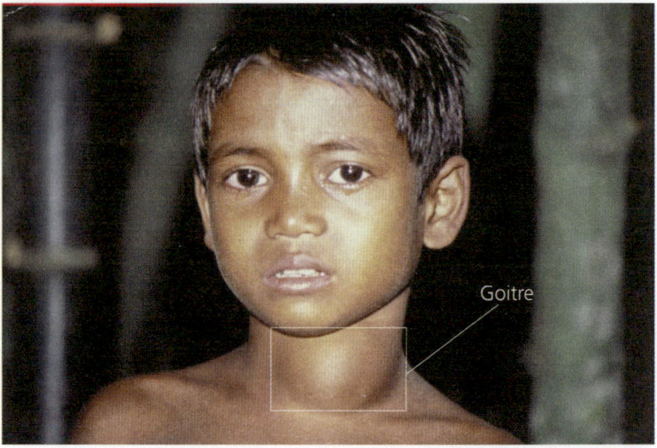

Ahmed a dit au médecin que tous les gens de son village souffraient du goitre. La cause du goitre a donc été imputée à une carence en iode.

L'alimentation d'Ahmed, depuis qu'il vivait à Londres, contenait suffisamment d'iode pour prévenir l'hypothyroïdie. Toutefois, son goitre persistera probablement, même s'il passe le reste de sa vie dans une région du monde où l'alimentation contient suffisamment d'iode.

POINTS CLÉS

- Les troubles de la thyroïde sont courants et touchent environ une personne sur vingt.
- Plus de femmes que d'hommes sont touchées.
- Votre médecin de famille peut diagnostiquer ce problème avec une simple analyse sanguine.
- Le traitement est efficace. Le cancer peut être guéri s'il est dépisté à temps.

L'hyperthyroïdie

La maladie de Basedow (ou de Graves)

L'hyperthyroïdie (ou thyrotoxicose) résulte d'une surproduction des hormones thyroïdiennes, la thyroxine (T4) et la triiodothyronine (T3), par la thyroïde. Chez les trois quarts des patients, elle découle de la présence d'un anticorps (voir le glossaire p. 97) dans le sang. Cet anticorps stimule la thyroïde à sécréter des quantités excessives d'hormones, mais également la taille de la glande chez certains patients, produisant un goitre.

Ce type d'hyperthyroïdie est connu sous le nom de maladie de Basedow (ou maladie de Graves), du nom d'un des médecins qui en a donné une description très détaillée, il y a plus de deux cents ans.

On ignore la cause de la production d'anticorps, mais comme cette maladie est héréditaire, les gènes (voir le glossaire p. 97) y jouent certainement un rôle. Il est possible qu'un facteur environnemental déclenche la maladie chez les personnes à risque au plan génétique, mais on n'a toujours pas identifié la cause. Des événements stressants, comme le décès d'un proche ou un divorce, pourraient jouer un rôle déclencheur.

Certains patients atteints de cette maladie ont des yeux proéminents (exophtalmie ou proptosis) tandis que d'autres présentent des plaques rouges surélevées, accompagnées

Robert Graves, 1796–1853

de démangeaisons, à l'avant des jambes ou sur le dessus des pieds, connues sous le nom de myxœdème prétibial.Ces symptômes, comme la production d'anticorps stimulant la thyroïde, sont causés par une anomalie du système immunitaire que les médecins ne comprennent pas encore entièrement. La plupart des autres patients qui souffrent d'hyperthyroïdie présentent un goitre qui contient un ou plusieurs nodules ou « bosses ». Celles-ci produisent individuellement des hormones thyroïdiennes en excès, et contrairement à la thyroïde, elles ne sont pas sous le contrôle de la TSH.

La maladie de Basedow peut survenir à tout âge, mais elle frappe surtout les femmes de 40 à 50 ans. Entre le tiers et la moitié de tous les patients ne subiront qu'une seule crise d'hyperthyroïdie qui durera plusieurs mois. Les autres auront plusieurs crises pendant de nombreuses années. Malheureusement, il est impossible de prédire le profil de l'hyperthyroïdie lorsqu'elle se manifeste pour la première fois. L'hyperthyroïdie causée par un goitre nodulaire est inhabituelle avant l'âge de 40 ans et, contrairement à certains patients atteints de la maladie de Basedow, elle aura tendance à perdurer chez ceux qui en sont atteints.

Quel est le profil d'évolution ?

En rétrospective, il semble que la plupart des patients auront éprouvé des symptômes depuis au moins six mois avant de consulter leur médecin. Cela dit, chez certains adolescents, la maladie s'installe très rapidement, au bout de quelques semaines seulement. Les patients ne manifestent pas nécessairement tous les symptômes énumérés ci-dessous. En plus de la perte de poids, les personnes âgées perdent souvent l'appétit, elles souffrent de faiblesse musculaire et d'apathie. Une jeune femme, par exemple, peut sembler débordante d'énergie et être incapable de rester inactive pendant plus de quelques secondes.

Les symptômes de l'hyperthyroïdie

La perte de poids

Elle se produit chez la plupart des patients en raison des calories « brûlées » par des taux élevés d'hormones thyroïdiennes dans le sang. Vous aurez probablement faim tout le temps et vous devrez même vous lever la nuit pour manger. La perte de poids varie de 2 ou 3 kg à 35 kg ou plus, mais chez quelques personnes, leur appétit augmente tellement qu'elles prennent un peu d'embonpoint. Si vous souffrez d'un surplus de poids important lorsque la maladie apparaît, vous serez probablement ravi de constater que vous perdez du poids, ce que vous attribuerez à un régime. Malheureusement, une fois que vous aurez été guéri, vous regagnerez ce poids.

La thermophobie et la transpiration

À mesure que le métabolisme augmente, votre organisme produit une chaleur excessive dont il se débarrasse en transpirant. Vous n'aimerez pas le temps chaud ou le chauffage central et vous serez plus à l'aise vêtu légèrement par une journée froide d'hiver. Dans les cas extrêmes, votre incapacité à tolérer la chaleur peut entraîner des désagréments avec vos amis et collègues, car vous baissez constamment le thermostat, vous ouvrez les fenêtres et vous jetez les couvertures ou l'édredon hors du lit.

L'irritabilité

Elle touche le plus souvent les femmes qui ont une jeune famille, de plus en plus accaparées par les demandes et les stress liés à l'éducation des enfants. Elles perdent souvent patience et sont plus sensibles à la critique que la normale, éclatant en sanglots sans raison apparente. De plus, la concentration devient plus difficile, ce qui nuit au rendement scolaire et au travail.

Les palpitations

La plupart des patients éprouvent des palpitations (battements cardiaques rapides ou flottants) ou leur rythme cardiaque est plus rapide que la normale. Dans les cas graves d'hyperthyroïdie, de longue date et non traités, surtout chez les personnes âgées, les battements du cœur peuvent être irréguliers, ce qu'on appelle la fibrillation auriculaire, et elles souffrent souvent d'insuffisance cardiaque.

L'essoufflement

Vous le remarquerez surtout lorsque vous faites des efforts, par exemple en montant deux ou trois volées d'escaliers. Les personnes asthmatiques constatent souvent une aggravation de leurs symptômes.

Les tremblements

La plupart des patients se plaignent que leurs mains tremblent, un symptôme que leurs parents ou amis peuvent associer à l'alcoolisme. Il vous sera difficile de tenir une tasse ou d'insérer une clé dans la serrure, et vous pouvez avoir plus de difficulté à écrire.

La faiblesse musculaire

Trait caractéristique, les muscles des cuisses s'affaiblissent et il est plus difficile de monter l'escalier, de se relever d'une position accroupie ou d'une chaise basse sans utiliser vos bras.

L'élimination des selles

Il semble y avoir une augmentation de la fréquence, ce qui fait que vos selles sont plus molles que la normale, deux ou trois fois par jour. À l'occasion, la diarrhée peut poser problème.

Les menstruations

Elles sont souvent irrégulières, peu abondantes ou même absentes. Il peut être difficile de concevoir un enfant si l'hyperthyroïdie n'est pas bien traitée.

La peau, les cheveux et les ongles

Vous pouvez avoir des démangeaisons sur tout le corps et les personnes atteintes de la maladie de Basedow, comme nous l'avons déjà mentionné, peuvent présenter des plaques rouges et surélevées, avec des démangeaisons à l'avant des jambes ou sur le dessus des pieds (myxœdème prétibial). Vos cheveux seront plus clairsemés, plus fins et votre permanente tiendra moins bien. Vos ongles seront cassants et nettement moins présentables.

Les yeux

Seuls les patients qui souffrent de la maladie de Basedow ont des problèmes avec leurs yeux. Ces problèmes comprennent un larmoiement excessif qui s'aggrave avec le vent ou avec une lumière intense ; la douleur et la sensation de sable dans les yeux, une vision dédoublée et floue. Ces patients sont à juste titre consterné par l'apparition de l'exophtalmie (yeux proéminents) et de « poches » sous les yeux.

Le goitre

De toute évidence, vous ne perdrez pas la vue si vous souffrez d'un goitre. Il est peu probable qu'il cause d'autres symptômes qu'une sensation d'avoir quelque chose dans le cou qui ne devrait pas y être.

Confirmer le diagnostic

L'analyse sanguine

On fera probablement une analyse sanguine à votre centre de santé ou chez votre médecin, et d'autres par la suite en consultation externe pour confirmer le diagnostic.

*La scintigraphie thyroïdienne

Le spécialiste peut également demander une scintigraphie thyroïdienne pour obtenir plus de renseignements sur la cause de l'hyperthyroïdie en vue d'établir le type de traitement dont vous aurez besoin.

Dans cet examen, on donne une très faible dose d'iode radioactif ou de technétium par voie orale ou par injection dans une veine. La dose est tellement faible qu'on peut la donner à une personne allergique à l'iode. Toutefois, la plupart des spécialistes essaient d'éviter cet examen si vous êtes enceinte ou si vous allaitez.

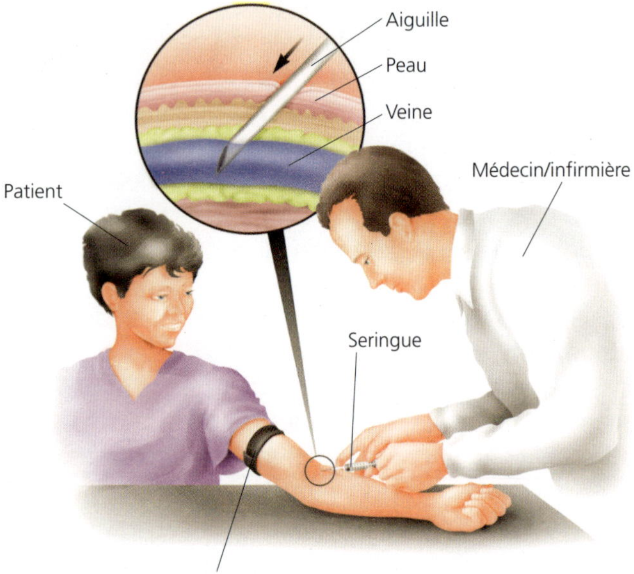

Un garrot est quelquefois utilisé pour rendre la veine plus proéminente.

Pour une analyse sanguine, on choisit une veine et on désinfecte le site de l'injection. Une seringue à aiguille creuse est introduite dans la veine pour en extraire le sang.

Après le diagnostic initial, vous devrez probablement attendre un peu avant de consulter le spécialiste. Entre-temps, vos symptômes pourront être soulagés en prenant un bêtabloquant comme le propanolol, qui compense dans une certaine mesure l'action des hormones thyroïdiennes. Le plus souvent la dose est de 40 mg, trois ou quatre fois par jour ou sous forme de propanolol (Inderal LA) par voie orale, 160 mg une fois par jour. Les asthmatiques doivent éviter les bêtabloquants.

Le traitement de la maladie de Basedow

Il existe trois formes de traitement de l'hyperthyroïdie causée par la maladie de Basedow : les médicaments, l'intervention chirurgicale et l'iode radioactif.

La scintigraphie thyroïdienne

On utilise une gamma-caméra pour créer une image à partir du rayonnement émis par l'organisme après lui avoir injecté un isotope radioactif, comme le technétium 99m.

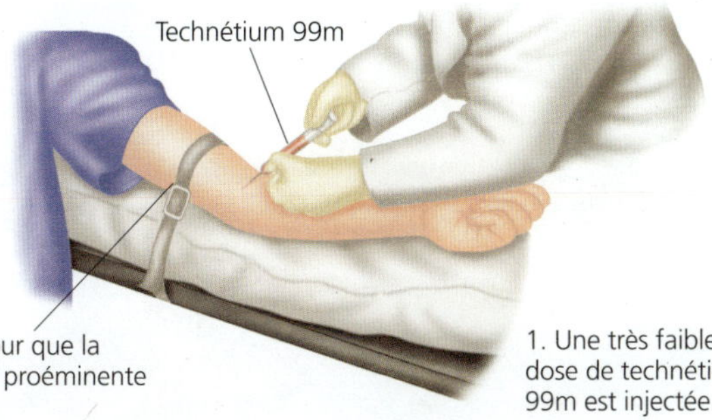

1. Une très faible dose de technétium 99m est injectée.

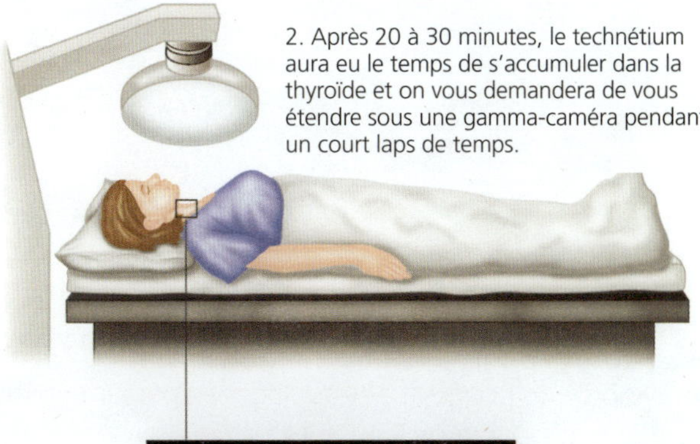

2. Après 20 à 30 minutes, le technétium aura eu le temps de s'accumuler dans la thyroïde et on vous demandera de vous étendre sous une gamma-caméra pendant un court laps de temps.

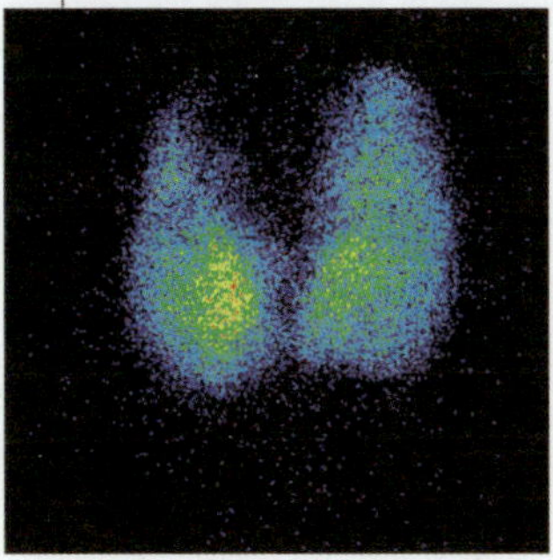

Exemple de scintigraphie montrant les deux lobes de la thyroïde.

Le mode d'action des antithyroïdiens

Les antithyroïdiens font obstacle à la production des hormones thyroïdiennes ramenant ainsi à la normale les taux élevés que l'on retrouve dans l'hyperthyroïdie.

Avant le médicament
La thyroïde produit un surcroit d'hormones.

Après le médicament
Les taux d'hormones reviennent à la normale.

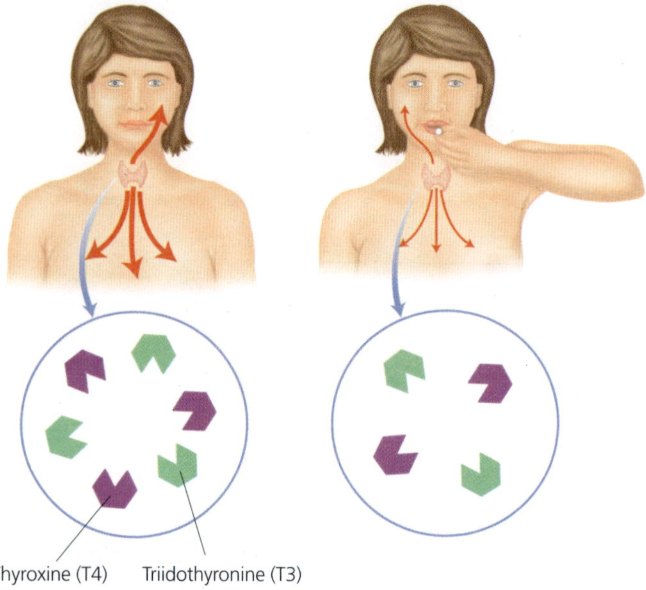

Les médicaments

Les antithyroïdiens sont habituellement donnés aux patients plus jeunes qui consultent leur médecin lors de leur premier épisode d'hyperthyroïdie. Le médicament le plus courant au Royaume-Uni est le carbimazole, qui réduit la production d'hormones thyroïdiennes. On l'obtient sous forme de comprimés de 5 et de 20 mg. La première dose est forte (40 à 45 mg par jour) et vos symptômes devraient s'atténuer après dix à quatorze jours.

En général, le traitement dure de six à dix-huit mois, après quoi, la moitié des patients se seront rétablis de façon durable. Au début, votre spécialiste examinera votre traitement toutes les quatre ou six semaines. Il réduira progressivement la dose de carbimazole, jusqu'à une dose unique de 5 à 15 mg par jour, selon les résultats de vos taux sanguins de T3, T4 et de TSH.

Certains spécialistes préfèrent donner une dose élevée de carbimazole tout au long du traitement, habituellement 40 mg par jour sous forme de deux comprimés de 20 mg. Si vous prenez cette dose élevée pendant plusieurs semaines ou plus, vous souffrirez éventuellement d'hypothyroïdie, et on ajoutera donc de la thyroxine au carbimazole lorsque les taux d'hormones sont revenus à la normale. L'avantage de ce type de traitement est qu'il ne nécessite pas d'examens fréquents. Il peut être très bénéfique pour les patients qui souffrent d'une grave maladie des yeux, mais il n'est pas plus efficace dans le contrôle de l'hypothyroïdie que le carbimazole seul.

Ce que vous devez savoir sur les médicaments : peu de gens éprouveront des effets indésirables avec le carbimazole, mais si c'est le cas, ils se manifestent dans les trois à quatre premières semaines du traitement. Environ deux pour cent des patients sont touchés par une éruption cutanée prurigineuse qui couvre tout le corps, comme si vous étiez tombé dans les orties. Les médecins désignent les vésicules sous le nom d'urticaire. Vous devez cesser de prendre le carbimazole et informer votre médecin. L'éruption disparaîtra en quelques jours, et on peut soulager les démangeaisons avec des antihistaminiques. L'effet indésirable le plus grave est la diminution du nombre de globules blancs (agranulocytose), une affection qui provoque de fortes douleurs à la gorge avec des aphtes buccaux et une forte fièvre.

Le faible nombre de globules blancs vous prédispose à l'infection bactérienne. L'agranulocytose est une urgence médicale. Vous devez communiquer avec votre médecin sans tarder et insister pour obtenir un rendez-vous le jour même. Heureusement, ce problème est rare. Il se manifeste chez un patient sur 300 à 500. Bien que le nombre de globules blancs puisse revenir à la normale, vous devrez prendre des antibiotiques et peut-être être hospitalisé pour une courte période de temps. La plupart des maux de gorge proviennent d'infections virales banales, mais même si vous croyez que votre mal de gorge est bénin, demandez une numération globulaire pour vous rassurer. Les autres effets indésirables sont des douleurs aux articulations, une légère perte de cheveux et des maux de tête.

Si des effets indésirables se manifestent lorsque vous prenez le carbimazole, le médecin pourra vous prescrire un autre médicament appelé propylthiouracile. Il agit de la même façon.

L'intervention chirurgicale

Malheureusement, même s'ils prennent du carbimazole ou du propylthiouracile seul ou en combinaison avec la thyroxine pendant une période pouvant aller jusqu'à 18 mois, l'hyperthyroïdie surviendra de nouveau chez près de la moitié des patients, environ deux ans après avoir cessé le traitement. Si vous avez moins de 45 ans lorsque la deuxième crise se produit, on peut procéder à une intervention chirurgicale en excisant environ les trois quarts de votre thyroïde.

Toutefois, avant l'intervention, il est nécessaire de rétablir les taux d'hormones sanguins avec le carbimazole.

Une fois la date de l'intervention fixée, vous devrez peut-être prendre un médicament contenant de l'iode durant dix à quatorze jours avant l'intervention pour

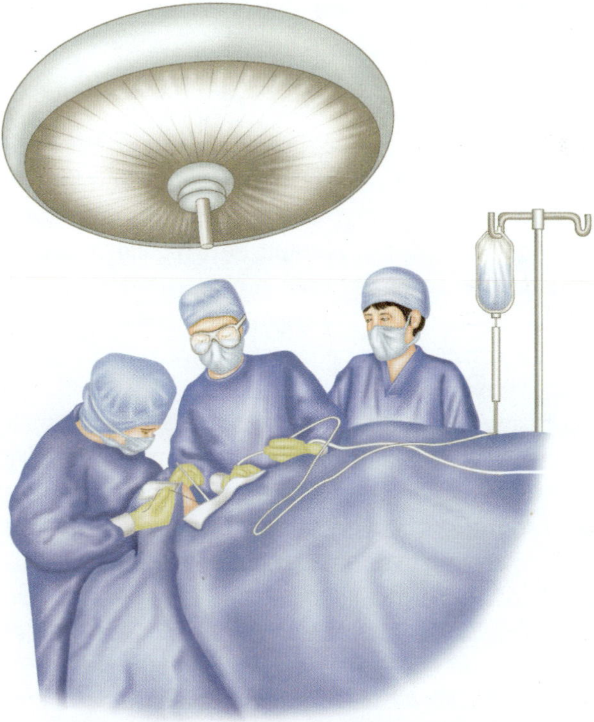

L'intervention chirurgicale est sans doute le traitement qui s'impose pour un jeune patient atteint de la maladie de Basedow et qui présente un goitre gênant.

réduire la taille de la glande et son flux sanguin, ce qui simplifiera le travail technique du chirurgien. Vous devrez vous rendre à l'hôpital une journée avant l'intervention, qui dure environ une heure, et vous retournerez à la maison deux jours plus tard.

Ce que vous devez savoir sur l'intervention chirurgicale : le désavantage est que vous aurez une cicatrice, mais en général, elle pâlira et disparaîtra dans les plis du cou. Vous pouvez également porter un collier ou un foulard pour la dissimuler.

En de très rares cas (moins d'un pour cent), les glandes parathyroïdes qui sont situées près de la thyroïde et contrôlent le taux de calcium sanguin peuvent subir des lésions.

Dans ce cas, un traitement à long terme avec des comprimés de vitamine D sera nécessaire. Une lésion de l'un des nerfs innervant le larynx est également rare et peut entraîner une altération importante de la qualité de la voix. Bien que cela importe peu pour la plupart des gens, l'intervention est une option moins acceptable pour ceux dont la voix constitue leur gagne-pain comme un chanteur d'opéra, par exemple.

Aux mains d'un chirurgien chevronné, les résultats initiaux sont bons. Dix-huit pour cent des patients seront guéris sur-le-champ. En revanche, quinze pour cent des patients souffriront d'hypothyroïdie à cause d'un retrait trop élevé de tissus et cinq pour cent des patients demeureront hyperthyroïdiens à cause d'une ablation insuffisante de tissus. Ces échecs n'ont rien à voir avec les compétences du chirurgien. Ils relèvent davantage de la nature de l'affection sous-jacente. En outre, avec le temps, un nombre croissant des patients, guéris de leur hyperthyroïdie par intervention chirurgicale, souffriront d'hypothyroïdie. L'hyperthyroïdie peut réapparaître 20 à 40 ans à la suite du succès apparent de l'intervention. Dans ce cas, on n'envisage généralement pas une deuxième intervention, car elle serait difficile sur le plan technique et le risque de lésion aux structures environnantes est accru.

L'iode radioactif (iode 131)

Traditionnellement, cette forme de traitement est réservée aux patients âgés de 40 à 45 ans qui ont passé l'âge de procréer ou aux plus jeunes qui ont été stérilisés.

Cette approche conservatrice a été adoptée à l'origine parce qu'on craignait que les enfants conçus après

Le traitement à l'iode radioactif

L'iode radioactif se fixe dans la thyroïde où il détruit une partie ou l'ensemble des tissus, réduisant ainsi la production d'hormones.

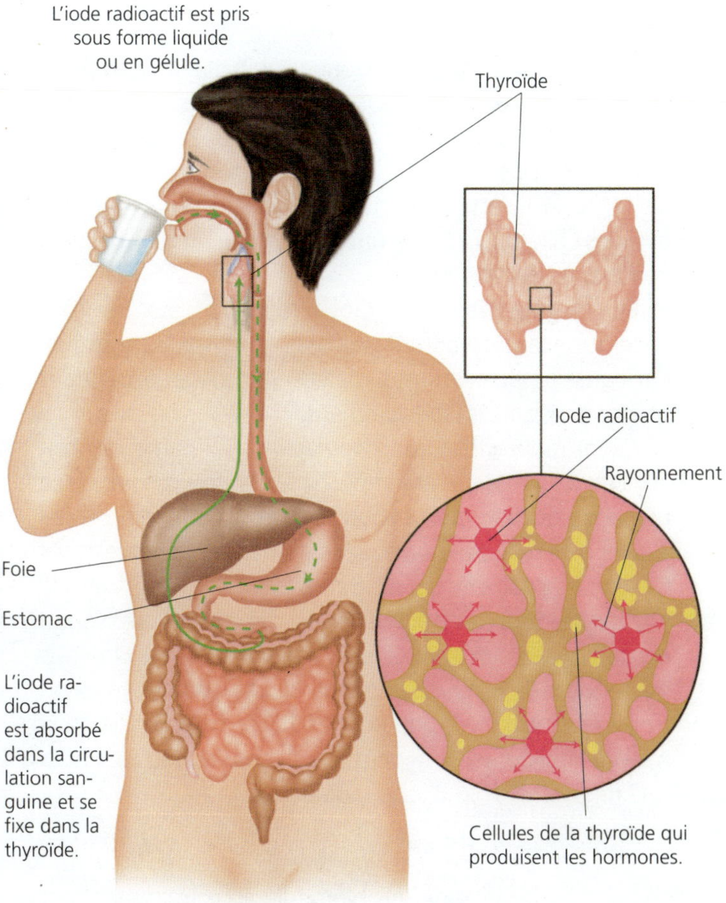

le traitement à l'iode radioactif, naissent avec des anomalies.

En fait, il n'existe aucune donnée justifiant ces craintes et certains hôpitaux commencent à utiliser l'iode radioactif chez les patients plus jeunes, car il est peu coûteux et facile à administrer.

L'iode radioactif est pris en gélule ou sous forme liquide, qui a le goût de l'eau. On le donne habituellement à l'hôpital dans le service de médecine nucléaire. Avant de recevoir le traitement, on peut vous demander de signer un formulaire de consentement. Vous aurez été informé d'éviter les lieux de divertissement ainsi que les contacts étroits avec les collègues et les jeunes enfants pendant quelques jours après le traitement.

On ne prescrit jamais l'iode radioactif aux femmes enceintes, car il serait néfaste pour la thyroïde du fœtus. On conseille aux femmes d'éviter la grossesse pendant quatre mois suivant le traitement.

L'iode radioactif agit en détruisant une partie des cellules thyroïdiennes et en empêchant d'autres cellules de se diviser, ce qui leur permet normalement d'être remplacées à la fin de leur durée de vie. Le traitement est efficace après six à huit semaines et, dans l'intervalle, selon la gravité de l'hyperthyroïdie, on peut vous prescrire du propanolol ou du carbimazole pour soulager vos symptômes. On vous demandera de revenir à l'hôpital pour un examen deux ou trois mois suivant le traitement et si vous comptez parmi la minorité qui demeure hyperthyroïdienne, on vous donnera une deuxième dose d'iode radioactif.

Ce que vous devez savoir sur le traitement à l'iode radioactif : le principal problème lié à ce traitement est l'apparition de l'hypothyroïdie. Elle survient surtout durant la première année qui suit le traitement, touchant

Choisir le traitement qui vous convient

- Aucun traitement n'est parfait et vous devrez discuter de vos options avec votre spécialiste. Certains patients ne tiennent pas à subir une intervention chirurgicale, même si le traitement aux antithyroïdiens a échoué.
- Rien ne vous empêche de suivre un deuxième ou même un troisième traitement en espérant que la maladie finira par se « consumer d'elle-même ». À vrai dire, avant que les traitements existent pour la maladie de Basedow, une proportion de patients se rétablissaient spontanément après des mois ou des années et puis, devenaient hypothyroïdiens.
- Certains patients envisagent à contrecœur le traitement à l'iode radioactif et certains spécialistes jugent que le meilleur traitement pour un jeune patient atteint d'hyperthyroïdie grave et d'un goitre gênant, est l'intervention chirurgicale.
- Peu importe le traitement que vous suivrez, vous devrez vous astreindre à un suivi régulier, habituellement sous forme d'analyse sanguine annuelle prise dans un centre de santé ou par votre médecin.

environ 50 pour cent des personnes dans certains centres. Chaque année par la suite, près de deux à quatre pour cent des personnes seront touchées. Il s'ensuit que la grande majorité devient hyperthyroïdienne éventuellement, et il est essentiel d'être suivi régulièrement à l'hôpital ou par votre médecin. Lorsque l'hypothyroïdie se manifeste, le médecin vous prescrira de la thyroxine en dose de 100 à 150 g par jour. Il n'y a aucun effet indésirable si vous prenez la dose régulièrement.

Présentation d'un cas

Bien qu'âgé de soixante-dix ans, John Party se sentait en très bonne santé. Récemment, il avait remarqué que ses chevilles étaient enflées. Au début, c'était seulement la nuit, puis constamment, et ses jambes sont devenues très lourdes.

Une nuit, à 1 h, il s'est éveillé à bout de souffle, toussant avec des sécrétions blanchâtres écumeuses. Sa femme a appelé une ambulance et John a été admis à l'hôpital local dans les 20 minutes. Le médecin de garde, le Dr Mackenzie, a correctement diagnostiqué une insuffisance cardiaque comme cause de l'accumulation de liquide dans les jambes et les poumons de John. Il a également remarqué que son pouls était très rapide et irrégulier. Un électrocardiogramme a montré que ce symptôme provenait d'une fibrillation auriculaire. On lui a donné de l'oxygène à l'aide d'un masque, une injection de furosémide (Lasix) pour éliminer l'excès de liquide et des comprimés de digoxine pour réduire la vitesse de ses battements cardiaques. Comme la fibrillation auriculaire risque de favoriser la formation de caillots en provenance du cœur, ce qui provoque chez le patient, un accident vasculaire cérébral ou le blocage de l'artère dans une jambe, le médecin lui a également donné des comprimés de warfarine pour éclaircir son sang.

Le Dr Mackenzie, qui avait déjà collaboré avec un éminent endocrinologue, savait que la fibrillation auriculaire pouvait parfois être une complication de l'hyperthyroïdie, surtout chez les patients plus âgés.

M. Parry souffrait bel et bien d'hyperthyroïdie causée par la maladie de Basedow et il a subi un traitement à l'iode radioactif. On lui a également prescrit un antithyroïdien, le carbimazole, pendant six semaines, jusqu'à ce que l'iode radioactif agisse.

Bien qu'inquiet au début du nombre de comprimés qu'il devait prendre en quittant l'hôpital, il avait cessé de les prendre dans les six mois, à mesure que son hyperthyroïdie était contrôlée.

Actuellement, même son cœur bat régulièrement et il est en forme comme il l'a toujours été. Son médecin procède régulièrement à des analyses sanguines pour s'assurer qu'il n'a pas de symptômes d'hypothyroïdie à la suite du traitement à l'iode radioactif.

Présentation d'un cas

Anna Robinson avait déjà subi un épisode d'hyperthyroïdie causé par la maladie de Basedow, au milieu de la vingtaine, et on lui avait alors prescrit du carbimazole pendant 18 mois. À l'âge de 45 ans, elle a remarqué qu'elle était incommodée par la chaleur, ce qu'elle attribuait au « retour d'âge ».

Cependant, lorsqu'elle a commencé à perdre du poids et que ses mains ont commencé à trembler, elle a pris conscience qu'il s'agissait d'une nouvelle crise d'hyperthyroïdie. À l'hôpital local, le spécialiste lui a proposé un traitement à l'iode radioactif. Malgré les réconforts et les preuves que ce traitement n'était associé à aucun autre risque que l'éventuel début d'hypothyroïdie, Mme Robinson demeurait inquiète. Elle avait lu des articles dans les journaux établissant un lien entre le rayonnement et la leucémie chez les personnes qui vivaient près des centrales nucléaires. Elle n'aimait pas l'idée d'éviter sa petite-fille, ne serait-ce que pour quelques jours après le traitement.

Choriste assidue de son église, elle craignait que l'intervention chirurgicale n'affecte la qualité de sa voix.

Mme Robinson a été soulagée d'apprendre que rien ne s'opposait à ce qu'elle soit traitée avec le carbimazole, maintenant ou plus tard.

La maladie de Basedow et les yeux

Qu'est-ce qui se produit dans les yeux ?

Si le médecin examine suffisamment en détail la plupart des patients atteints de cette maladie, il constatera qu'il y a des changements dans les yeux, connus sous le nom d'ophtalmopathie. Les deux yeux sont habituellement touchés; souvent l'un plus que l'autre. Il est préférable de considérer l'ophtalmopathie comme une maladie auto-immune distincte qui coexiste fréquemment avec la maladie de Basedow plutôt qu'une complication de l'affection thyroïdienne elle-même. Ce qui explique pourquoi une maladie des yeux peut survenir avant l'apparition de l'hyperthyroïdie, ou même, après avoir traité avec succès.

L'ophtalmopathie se manifeste en trois phases : l'apparition initiale et la détérioration, suivies d'une période de relative stabilité, puis une amélioration à un degré variable. Il est rare que la maladie disparaisse complètement, et même si vous sentez que vos yeux sont revenus à la normale, de subtiles anomalies subsisteront. Si elles ne sont pas évidentes pour les amis et la famille, elles le seront pour le médecin.

L'un des premiers signes est la rétraction de la paupière supérieure, qui semble avoir été tirée vers le haut, exposant une plus grande partie du blanc de l'œil et donnant une apparence de regard fixe. Cet état s'améliore souvent lorsque les taux d'hormones thyroïdiennes reviennent à la normale avec le traitement. Certains patients se plaignent d'avoir les yeux secs, avec une sensation de sable dans les yeux et d'un clignement constant des yeux, alors que d'autres souffrent d'un larmoiement excessif.

Les autres caractéristiques de la maladie proviennent d'une accumulation de pression derrière le globe oculaire, qui repose sur l'orbite osseuse. L'espace entre le globe oculaire et l'arrière de l'orbite contient les muscles

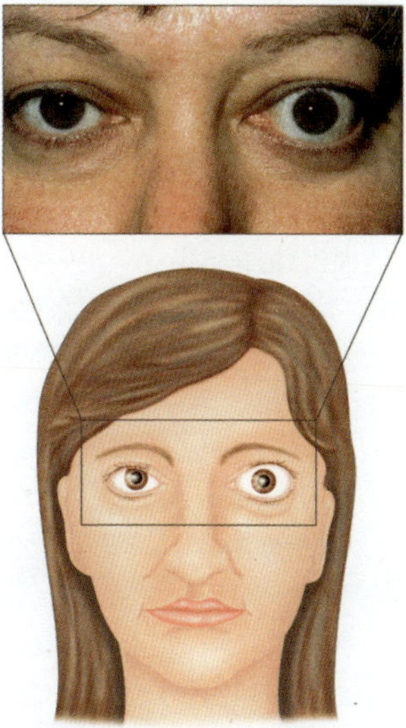

Les yeux de la plupart des patients atteints de la maladie de Basedow subiront des changements. Les deux yeux sont habituellement touchés; souvent l'un plus que l'autre.

responsables des mouvements de l'œil, le nerf optique qui transmet les messages de la rétine au cerveau et des graisses.

Parmi les changements qu'on observe chez les patients atteints d'une maladie thyroïdienne des yeux, on retrouve une accumulation de quantités excessives d'eau derrière le globe oculaire. Les muscles et les graisses deviennent enflés et œdémateux. Les muscles doublent ou triplent de volume et cessent de fonctionner efficacement. En conséquence, le mouvement normal de l'œil est entravé et difficile provoquant une vision dédoublée (diplopie) voire, l'apparition d'un strabisme.

L'augmentation de la pression derrière les globes oculaires les projette vers l'avant, produisant l'apparence des yeux exorbités, connue sous le nom d'exophtalmie ou proptosis. L'exposition accrue des globes oculaires protubérants rend ceux-ci plus vulnérables à l'irritation de la poussière, du sable, du vent et du soleil et la cornée peut subir des lésions.

En outre, une partie des graisses derrière les globes oculaires peut s'infiltrer dans les paupières, ce qui contribue à leur bouffissure et aux « poches sous les yeux ». Très rarement, chez les patients gravement atteints, la pression accrue provoque des lésions au nerf optique et une perte partielle ou totale de la vision.

Le traitement

Il n'est pas aussi satisfaisant que le traitement de l'hyperthyroïdie. Il semble que le tabagisme aggrave la maladie thyroïdienne des yeux, tout comme le mauvais contrôle de l'hyperthyroïdie. Par conséquent, il est très important que

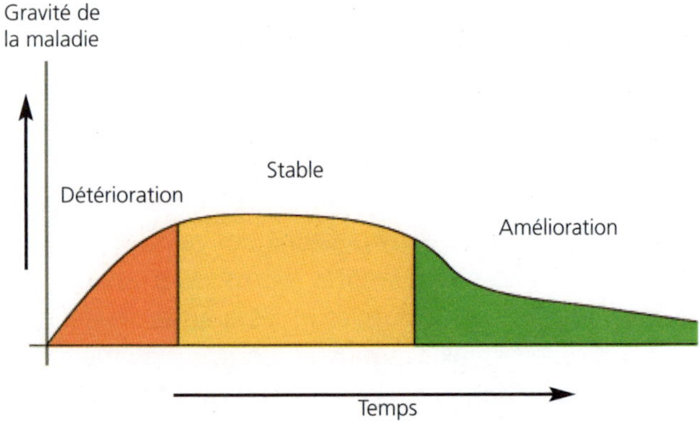

L'ophtalmopathie se manifeste habituellement en trois phases, chacune de durée variable. Après la détérioration initiale, l'état se stabilise pendant deux ou trois ans. Par la suite, une intervention chirurgicale relativement mineure devrait corriger la diplopie et améliorer l'apparence esthétique des yeux.

Types plus rares d'hyperthyroïdie

- L'hyperthyroïdie bénigne persiste pendant quelques semaines. Elle peut se produire à la suite d'une infection virale de la thyroïde, connue sous le nom de thyroïdite virale ou De Quervain. Les symptômes les plus importants sont la douleur intense et la sensibilité au toucher dans la région de la glande, associés à une affection pseudogrippale. L'hyperthyroïdie nécessite rarement un autre traitement qu'un bêtabloquant, comme le propanolol. Il s'ensuit généralement une brève période d'hyperthyroïdie bénigne suivie d'un rétablissement total.

- L'amiodarone, qui contient de l'iode radioactif, est de plus en plus utilisée par les cardiologues pour le traitement de certaines irrégularités du rythme cardiaque. Elle peut provoquer l'hyperthyroïdie. Vos taux sanguins d'hormones thyroïdiennes doivent être vérifiés avant de prendre le médicament, et tous les six mois lorsque vous le prenez.

- L'hyperthyroïdie subclinique : la combinaison d'un faible taux de TSH et d'un taux normal (habituellement normal élevé) de T3 et de T4 dans le sang est connue sous le nom d'hyperthyroïdie subclinique, parce que les patients montrent peu de symptômes, le cas échéant. On décèle souvent l'anomalie lors d'un examen de routine ou par la présence d'un goitre. On la considère maintenant comme la forme la plus bénigne d'hyperthyroïdie. On peut recommander un traitement, même si vous vous sentez bien, en vue de prévenir l'hyperthyroïdie plus courante par la suite, de même que l'ostéoporose ou la fibrillation auriculaire.

vous cessiez de fumer complètement et que vous suiviez attentivement les directives de votre médecin concernant la posologie des comprimés, comme le carbimazole ou la thyroxine.

Des trois traitements de l'hyperthyroïdie, il semble que la détérioration de l'ophtalmopathie se produise le plus souvent après un traitement à l'iode radioactif.

Certains spécialistes hésiteront à vous prescrire cette forme de traitement si vos yeux sont très touchés. Ils peuvent également vous conseiller de prendre des corticostéroïdes, comme la prednisone, pendant six à huit semaines immédiatement après le traitement à l'iode radioactif.

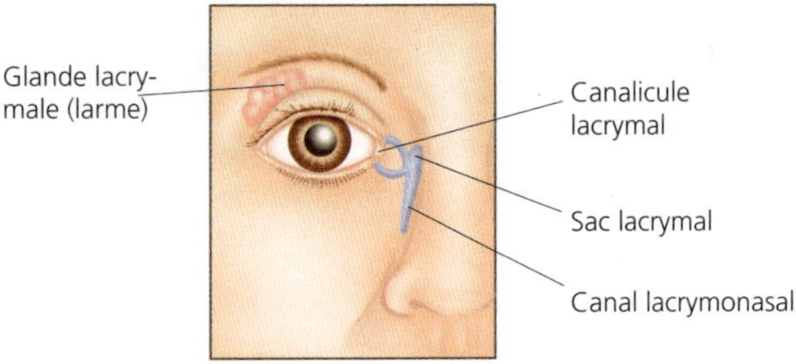

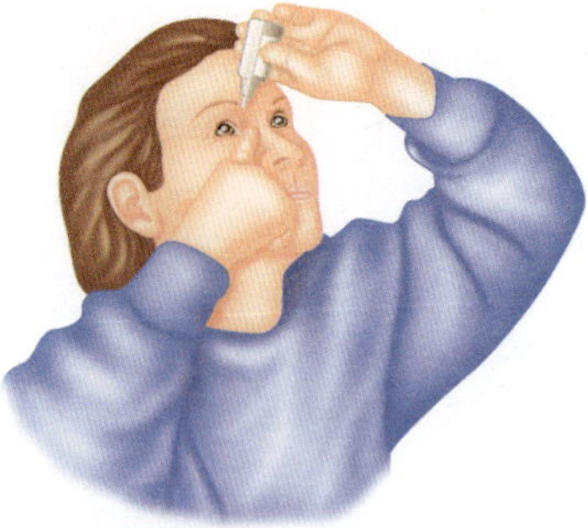

Les larmes sont produites par les glandes lacrymales. Dans la maladie de Basedow, elles ne fonctionnent pas normalement. Si vos yeux sont secs, une ordonnance de larmes artificielles pourrait soulager ce malaise.

Si vos yeux sont secs, une ordonnance de larmes artificielles vous soulagera, et, fait paradoxal, elles aident également ceux qui souffrent d'un larmoiement excessif. Il est également utile de porter des lunettes de soleil. Vous pouvez soulager la diplopie en adaptant des prismes dans vos lunettes.

Lorsque la maladie est plus avancée et menace la vision, un traitement à la prednisone peut être nécessaire. Il est souvent combiné à la radiothérapie qui ralentit les processus, mal connus, qui mènent à l'accumulation d'eau derrière les globes oculaires.

Autrement, une intervention chirurgicale peut être nécessaire pour enlever une partie de la paroi de l'orbite et réduire la pression derrière le globe oculaire. Cependant, cette intervention majeure est rarement nécessaire et se pratique uniquement à la suite d'une collaboration étroite des spécialistes de la thyroïde et de l'œil.

Pour la plupart des gens atteints de la maladie de Basedow, les problèmes oculaires s'atténuent considérablement après deux ou trois ans. À ce stade, une intervention chirurgicale relativement mineure corrigera la diplopie, réduira le regard fixe et les poches sous les yeux.

Le goitre nodulaire

On le traite par une intervention chirurgicale ou un traitement à l'iode radioactif. Contrairement à une personne atteinte de la maladie de Basedow, vous avez peu de risque d'être atteint d'hypothyroïdie.

Auparavant, il était coutumier de prescrire de la thyroxine après l'intervention pour prévenir la réapparition du goitre, ce qui est courant sur une période d'environ 20 ans, mais ce n'est pas vraiment utile, à moins que vous ne soyez atteint d'hypothyroïdie.

L'hyperthyroïdie chez les personnes âgées

Les personnes de 70 et de 80 ans ou plus ne manifesteront peut-être pas les symptômes classiques de l'hyperthyroïdie. Il y a généralement une perte de poids; l'appétit diminue souvent. Les muscles des cuisses s'affaiblissent et la personne a de la difficulté à monter des escaliers, à sortir du bain ou à se lever d'une chaise basse. Au lieu d'être nerveuse et agitée, la personne devient apathique et ne fait plus rien. Ses proches croient souvent qu'elle est déprimée. Il n'y a souvent aucun signe de goitre ni aucun symptôme oculaire. Comme cette hyperthyroïdie est moins manifeste, le diagnostic peut être retardé jusqu'à ce que le pouls devienne irrégulier en raison de la fibrillation auriculaire, et qu'une insuffisance cardiaque se produise.

Vivre avec une personne atteinte d'hyperthyroïdie

C'est l'irritabilité, le « côté soupe » au lait et toutes les émotions possibles et imaginables qui rendent la vie difficile aux parents et amis. Personne ne sait vraiment à quoi s'attendre, et les proches ont constamment l'impression de marcher sur des œufs. Maman (car c'est habituellement maman) ne peut rester assise et semble faire plusieurs choses à la fois, même si rien n'est aussi bien fait qu'à l'accoutumée.

Même si elle est épuisée, elle ne dort pas et se lève tôt pour faire le repassage ou faire le ménage. Rien ne lui fait plaisir. Un incident banal, comme de briser une tasse ou brûler une rôtie, lui fait perdre les pédales ou éclater en sanglots.

Il est souvent question de séparation et même de divorce quand l'atmosphère très tendue de la maison pèse sur tous depuis plusieurs mois. Si l'hyperthyroïdie apparaît au moment de la ménopause, ce qui est souvent le cas, le diagnostic est souvent retardé en raison des symptômes qui sont inévitablement attribués au retour d'âge. C'est seulement lorsque l'hormonothérapie substitutive échoue que l'on comprend que le problème réside ailleurs.

Une fois l'hyperthyroïdie diagnostiquée, la famille se sentira coupable, mais la tolérance est nécessaire pendant plusieurs semaines ou même des mois suivant le traitement avant que maman ne redevienne elle-même.

POINTS CLÉS

- Environ trois quarts des cas d'hyperthyroïdie sont provoqués par la maladie de Basedow.
- De nombreuses personnes atteintes de la maladie de Basedow peuvent avoir une prédisposition héréditaire à l'hyperthyroïdie, bien que d'autres facteurs interviennent dans le déclenchement de la maladie.
- Les personnes les plus vulnéables à la maladie de Basedow sont les femmes de 40 à 50 ans.
- Il est possible de traiter la maladie de Basedow avec des médicaments, par une intervention chirurgicale ou un traitement à l'iode radioactif, mais aucun de ces traitements n'est la règle pour tous.
- Vos spécialistes voudront discuter des options de traitement avec vous avant de décider quelle est la meilleure approche à adopter.
- Après le traitement, vous devrez faire l'objet d'examens réguliers pour s'assurer que votre état de santé demeure optimal.
- La plupart des personnes atteintes de la maladie de Basedow souffriront de problèmes oculaires à un certain degré, même s'il ne s'agit que d'irritations bénignes. Les symptômes plus graves peuvent être traités et s'atténuent habituellement avec le temps.
- L'agranulocytose (diminution du nombre de globules blancs qui cause de fortes douleurs à la gorge) est une urgence médicale. Vous devez communiquer avec votre médecin sans tarder et insister pour obtenir un rendez-vous le jour même.

L'hypothyroïdie

Qu'est-ce que l'hypothyroïdie ?

L'hypothyroïdie survient lorsque la thyroïde produit insuffisamment d'hormones, comme la triiodothyronine (T3) et la thyroxine (T4). Dans sa forme la plus courante qui touche un pour cent de la population, principalement les femmes d'âge moyen et plus âgées, la thyroïde rétrécit à mesure que ses cellules sont détruites par une anomalie subtile du système immunitaire du patient.

Plus rarement, cette anomalie mène à l'hypertrophie de la thyroïde et à la formation d'un goitre plutôt qu'à l'hypothyroïdie. C'est ce qu'on appelle la thyroïdite de Hashimoto. Tout comme c'est le cas pour la maladie de Basedow, ces types d'hypothyroïdie sont associés aux autres maladies auto-immunes (consultez le glossaire à la p. 97) indiquées dans l'encadré de la p. 36.

Bien que l'hypothyroïdie vous rende plus susceptible de contracter l'une de ces affections ou plus, le risque demeure minime. Les gens peuvent également développer l'hypothyroïdie à la suite du traitement de la maladie de Basedow avec l'iode radioactif ou par une intervention chirurgicale.

Quel est le profil d'évolution ?

L'hypothyroïdie ne survient pas du jour au lendemain, mais lentement, après de nombreux mois. Vous et votre famille ne remarquerez peut-être pas les symptômes au départ, ou vous les attribuerez au vieillissement.

Les médecins ont maintenant accès aux analyses de laboratoire appropriées, ce qui leur permet de plus en plus de diagnostiquer l'hypothyroïdie à un stade relativement précoce, lorsque les symptômes sont bénins. À un stade avancé, l'hypothyroïdie est parfois connue sous le nom de myxœdème.

Il serait inhabituel de présenter tous les symptômes mentionnés ci-dessous, à moins que le diagnostic n'ait été retardé, pour une raison ou pour une autre, pendant des mois ou même des années. Vous êtes plus susceptible de consulter votre médecin pour des problèmes assez vagues, comme la fatigue et le gain de poids, qui peuvent être dus à une foule de causes.

Maladies auto-immunes associées à l'hypothyroïdie

- L'anémie pernicieuse, qui nécessite des injections régulières de vitamine B12 pour maintenir une formule sanguine normale.
- Le diabète sucré exige habituellement un traitement à l'insuline.
- La maladie d'Addison : les surrénales, qui coiffent chacun des deux reins, produisent une quantité insuffisante de cortisol et d'aldostérone, des hormones que vous pouvez heureusement prendre sous forme de comprimés.
- L'insuffisance ovarienne prématurée qui entraîne la disparition des menstruations, l'infertilité et une ménopause précoce.
- L'activité réduite des glandes adjacentes à la thyroïde, les parathyroïdes, entraîne une diminution du taux de calcium sanguin et la tétanie, traitée efficacement à l'aide de gélules de vitamine D.
- Le vitiligo, une affection cutanée qui se manifeste par des zones de peau décolorées, donnant à la peau un aspect tacheté.

On fera une analyse sanguine et si les résultats montrent que votre taux de T4 est faible et votre taux de thyréostimuline (TSH) est élevé, le diagnostic d'hypothyroïdie sera confirmé. Si vous ne souffrez pas d'une complication, comme l'angine, vous serez traité par votre médecin de famille.

Les symptômes de l'hypothyroïdie

Le gain de poids

La plupart des patients engraissent de cinq à dix kilogrammes, bien que leur appétit soit normal ou même moins grand.

La sensibilité au froid

Vous ressentez fortement le froid. Vous chercherez à porter des couches supplémentaires de vêtements et à vous asseoir près du feu. Vous souffrirez peut-être de courbatures et de spasmes lorsque vous faites un mouvement soudain, surtout lorsqu'il fait froid.

Les problèmes mentaux

Vous éprouvez de la fatigue, de la somnolence et vos facultés intellectuelles sont ralenties. Vous réagissez plus lentement, mais heureusement, votre sens de l'humour est intact.

On peut croire à tort que les patients plus âgés souffrent de démence, alors que certaines personnes vivent une dépression et manifestent de la paranoïa, qui sont les fondements d'une affection connue sous le nom de « folie myxdémateuse ».

La parole

Votre élocution ralentit, devient rauque et empâtée.

Votre cœur

Contrairement à une personne qui souffre d'hyperthyroïdie, votre pouls est lent, soit environ 60 battements par minute. Vous pouvez faire de l'hypertension et une personne âgée atteinte d'hypothyroïdie depuis longtemps est plus susceptible de souffrir d'insuffisance cardiaque. L'angine peut être le premier symptôme de l'hypothyroïdie.

L'élimination des selles

Vous souffrirez probablement de constipation.

Les menstruations

Vos menstruations seront plus abondantes (ménorragie) si vous n'êtes pas en ménopause.

La peau et les cheveux

Votre peau sera rugueuse, sèche et aura tendance à peler. Elle sera pâle et vos paupières, vos mains et vos pieds seront enflés. La peau prend une teinte jaune citron chez certaines personnes et les vaisseaux sanguins proéminents des joues ajoutent une touche de congestion violacée.

S'asseoir trop près du feu peut donner une apparence « bronzée » à la peau de vos jambes. Certaines personnes contractent une affection cutanée appelée vitiligo. Vos cheveux deviennent secs et cassants et la partie extérieure de vos sourcils peut être absente.

Le système nerveux

Vous deviendrez peut-être un peu sourd et vous aurez des problèmes d'équilibre. Si vous avez des fourmillements dans les doigts, surtout pendant la nuit, agitez vos mains vigoureusement. Cela devrait vous soulager.

Le traitement

Le traitement est la thyroxine, vendue au Royaume-Uni sous forme de comprimés de 25, 50 et 100 µg. Habituellement, le traitement débute progressivement, on vous prescrira d'abord une dose quotidienne de 50 microgrammes (µg) pendant trois ou quatre semaines, que l'on augmentera à 100 µg par jour pendant trois à quatre mois, puis 150 µg par jour.

Vous devrez vous soumettre de nouveau à une analyse sanguine environ trois mois après le début du traitement afin d'évaluer s'il est nécessaire d'ajuster la posologie. Le but est de rétablir les taux sanguins normaux de T4 et de TSH.

Vous devriez commencer à vous sentir mieux au bout de deux à trois semaines; vous perdrez du poids et vous

Le traitement de l'hypothyroïdie

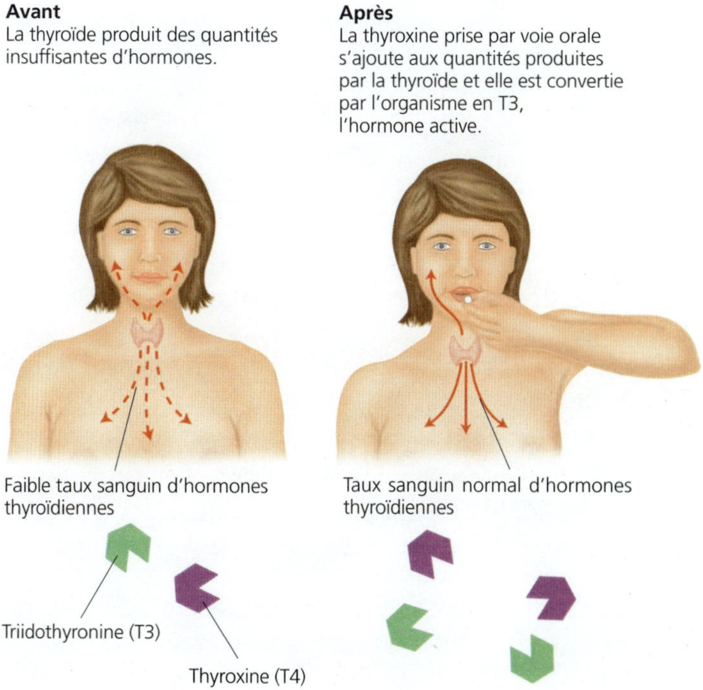

remarquerez que la bouffissure autour de vos yeux commence à disparaître, mais vous devrez attendre de trois à six mois avant de retrouver une peau et des cheveux normaux.

En général, vous pouvez vous attendre à prendre de la thyroxine pendant le reste de votre vie.

Présentation d'un cas

Jean Spencer, âgée de 17 ans, terminait sa dernière année d'études avant d'entrer à l'université, où elle espérait étudier le droit. Elle souffrait de diabète depuis l'âge de 11 ans et se donnait des injections d'insuline 2 fois par jour.

Le contrôle de son diabète avait toujours été très satisfaisant et sa dose d'insuline est demeurée relativement stable. Néanmoins, elle était perplexe depuis les trois derniers mois parce qu'elle ne semblait pas avoir besoin d'autant d'insuline qu'auparavant. À quatre reprises, elle s'était presque évanouie en classe en raison d'un faible taux de glucose sanguin. Son professeur l'a aidée à se remettre en lui donnant des boissons sucrées.

À une occasion, elle n'a pas réagi et on l'a conduite à l'hôpital de toute urgence. On lui a administré du glucose en intraveineuse et elle a passé la nuit à l'hôpital. Ses parents et son professeur étaient inquiets, car elle ne se concentrait pas en classe et ses résultats aux examens de pratique n'avaient pas été aussi bons que prévus. Elle avait commencé à se plaindre du froid et avait été incapable de chanter au concert de Noël de l'école parce que sa voix était devenue rauque.

C'est sa tante, venue leur rendre visite du Canada, qui a remarqué le changement dans l'apparence de Jean depuis sa dernière visite l'année précédente. Celle-ci avait commencé à souffrir d'hypothyroïdie dix ans auparavant et a suggéré à Jean de se soumettre à une analyse sanguine.

Jean prend maintenant des comprimés de thyroxine, tout comme sa tante, et sa dose d'insuline est revenue à son niveau précédent. Elle a réussi ses examens avec d'excellents résultats et elle est présentement en première année de droit à l'université.

Situations particulières

L'angine

Le taux de différents lipides ou graisses dans le sang augmente avec l'hypothyroïdie. Chez ceux qui en souffrent depuis longtemps sans que leur état n'ait été diagnostiqué, ces dépôts adipeux se déposent sur les parois des artères coronaires, un processus appelé athérosclérose. Le muscle cardiaque n'est pas suffisamment irrigué, surtout pendant l'exercice, et la personne ressent une douleur au milieu de la poitrine (angine).

La prise de thyroxine peut aggraver l'angine. On prescrira donc à la personne qui souffre d'angine une plus faible dose qui sera augmentée très progressivement. Parfois, une intervention chirurgicale s'impose pour améliorer la circulation du sang dans les artères coronaires avant ou après le début du traitement avec la thyroxine.

L'hypothyroïdie temporaire

Ce traitement à la thyroxine dure en général toute la vie. Cependant, si l'hypothyroïdie se manifeste au cours des trois à quatre mois suivant l'intervention chirurgicale ou le traitement à l'iode radioactif pour la maladie de Basedow, il est possible que l'affection ne dure que quelques semaines et que vous n'ayez peut-être pas besoin de traitement. Même chose pour l'hypothyroïdie qui est une complication de la thyroïdite post-partum (après l'accouchement) (voir p. 53) ou De Quervain (voir p. 29).

Le processus de l'athérosclérose

L'athérosclérose, l'athérome et le durcissement des artères relèvent tous du même processus menant au blocage ou à l'affaiblissement des artères.

1. Lorsque vous naissez vos vaisseaux sanguins sont souples et élastiques ; le sang peut circuler facilement.

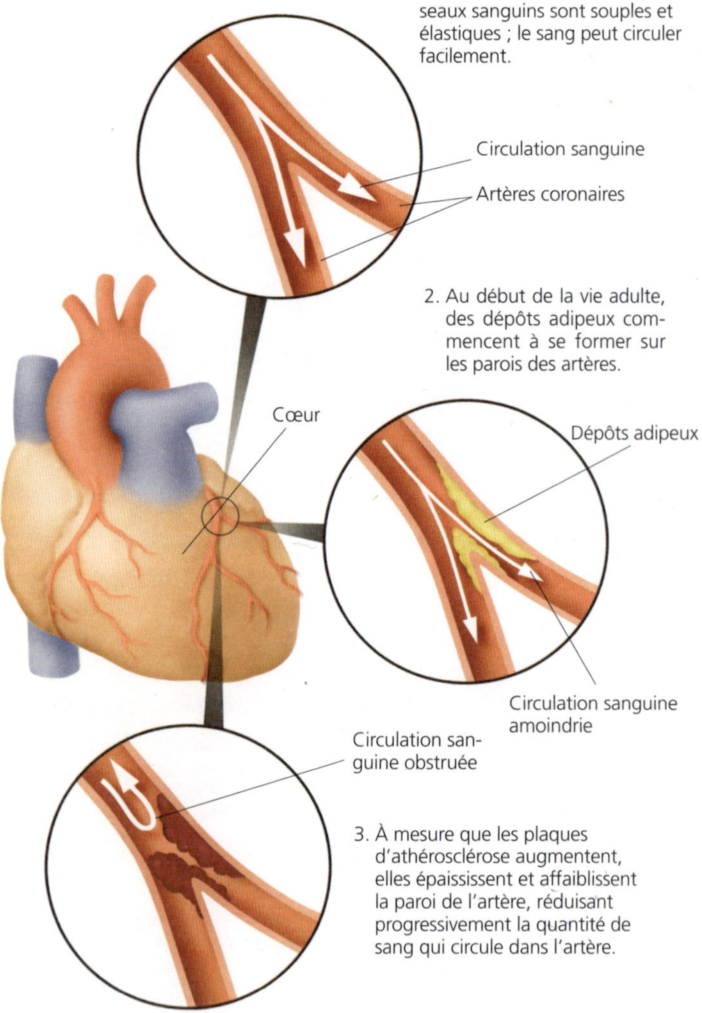

2. Au début de la vie adulte, des dépôts adipeux commencent à se former sur les parois des artères.

3. À mesure que les plaques d'athérosclérose augmentent, elles épaississent et affaiblissent la paroi de l'artère, réduisant progressivement la quantité de sang qui circule dans l'artère.

L'hypothyroïdie bénigne

Au moindre soupçon de troubles de la thyroïde, la plupart des médecins prendront des dispositions pour que leur patient se soumette à une analyse sanguine. Ainsi, de très petites anomalies sont souvent décelées chez les patients qui consultent pour un ensemble de symptômes plutôt vagues, comme la fatigue, ou chez les gens qui ont des antécédents familiaux de maladie auto-immune.

L'observation la plus fréquente est la combinaison d'un taux de T4 « normal » avec un taux de TSH élevé, ce que les médecins appellent l'hypothyroïdie subclinique. On sait qu'environ cinq à vingt pour cent de ces personnes manifesteront une hypothyroïdie plus évidente année après année.

Pour cette raison, il est pratique courante d'« étouffer le problème dans l'œuf » en prescrivant de la thyroxine lorsque l'anomalie est décelée à plus d'une reprise. Cela peut avoir des répercussions minimes sur la personne concernée, mais la médecine préventive est préférable au remède.

L'hypothyroïdie causée par les médicaments

Un médicament, appelé carbonate de lithium, largement utilisé pour traiter la dépression et le trouble bipolaire, peut causer le goitre et l'hypothyroïdie. Lorsqu'une personne, comme cela se produit normalement, doit continuer à prendre ce médicament, le traitement permanent avec la thyroxine sera nécessaire.

L'amiodarone, utilisée dans le traitement de certaines irrégularités cardiaques, peut causer à la fois l'hyperthyroïdie et l'hypothyroïdie, et quiconque en prend devra se soumettre à des analyses sanguines régulières pour la thyroïde.

Médicaments couramment prescrits qui peuvent augmenter la quantité nécessaire de thyroxine	
Médicament	Utilisation
Carbamazépine (Tegretol, Teril, Timonil)	Contrôle de l'épilepsie
Sertraline (Lustral)	Antidépresseur
Sulfate de fer(II) (Feospan, Ferrograd)	Traitement de l'anémie
Pilule anticonceptionnelle, hormonothérapie substitutive	Contraception, symptômes de la ménopause
Chloroquine (Avloclor, Nivaquine)	Antipaludique

Retour à votre dose habituelle de thyroxine

Il est possible qu'il soit nécessaire d'augmenter la dose de thyroxine pendant une grossesse (p. 47 à 56) s'il y a malabsorption des aliments par l'intestin, comme dans la maladie cœliaque, ou si vous commencez à prendre des médicaments qui réduisent l'absorption de la thyroxine ou accélèrent sa dégradation par l'organisme. Si vous avez besoin d'un surcroît de thyroxine, le taux de TSH, auparavant normal, augmentera considérablement.

Au Royaume-Uni, la thyroxine est maintenant fabriquée par différents laboratoires. C'est ce qu'on appelle la thyroxine générique. Malgré des contrôles rigoureux, les médecins et les patients ont remarqué, à partir des résultats des analyses sanguines et des symptômes, que les comprimés produits par les diverses compagnies pharmaceutiques n'offraient pas la même concentration de thyroxine.

Pour cette raison, il est sage d'insister auprès de votre pharmacien pour qu'il vous donne la même marque de thyroxine lorsque vous renouvelez votre ordonnance. Si ce n'est pas possible, il vous faudra vous soumettre à une analyse sanguine six à huit semaines après avoir commencé à prendre la nouvelle préparation.

Futurs traitements possibles

La plupart des patients atteints d'hypothyroïdie se sentent parfaitement bien lorsqu'ils prennent une quantité adéquate de thyroxine, évaluée par la mesure de T4 et de TSH dans le sang. Toutefois, certains patients n'éprouvent pas le sentiment de bien-être escompté, même en augmentant légèrement la dose de thyroxine, ce qui entraîne une baisse du taux de TSH.

Si vous faites partie de ce petit groupe de patients, certaines données laissent croire, mais cela reste à confirmer, qu'une combinaison de thyroxine et de T3 (triidothyronine) pourrait vous être bénéfique.

Si vous adoptez ce traitement combiné, la dose de thyroxine doit être réduite de 25 à 50 µg et un demi-comprimé (10 microgrammes) de T3, aussi connue sous le nom de liothyronine, ajouté.

Entre-temps, certains patients se tournent vers un médicament classique, l'extrait thyroïdien, synthétisé à partir de la thyroïde d'animaux, qui contient de la T3 et de la T4 (ArmourMD Thyroid). Il n'est pas facile de se procurer ces comprimés au Royaume-Uni, et en raison des inquiétudes persistantes concernant la fiabilité de leur teneur en hormones, leur utilisation n'est pas recommandée.

Il est logique de remplacer ce qui manque lorsque la thyroïde cesse de fonctionner et le comprimé de remplacement idéal devrait contenir environ 100 µg de T4 et dix microgrammes de T3, cette dernière sous une forme à libération lente. Cela permet d'éviter les concentrations maximales de T3 dans le sang après avoir pris le médicament, ce qui peut provoquer des palpitations pénibles. Malheureusement, un tel médicament idéal n'a pas encore été mis au point par l'industrie pharmaceutique.

POINTS CLÉS

- L'hypothyroïdie survient lentement et vos symptômes seront probablement vagues au début.
- Votre médecin sera en mesure de confirmer le diagnostic avec une simple analyse sanguine.
- On la traite avec des comprimés que vous devrez probablement prendre toute votre vie.
- Certaines personnes atteintes d'hypothyroïdie depuis de nombreuses années peuvent souffrir de douleurs thoraciques causées par l'angine, et parce que la thyroxine aggrave le problème, leur posologie doit être surveillée de près. Si vous souffrez d'angine lorsqu'on découvre l'hypothyroïdie, votre traitement sera ajusté afin d'en tenir compte.
- Si votre analyse sanguine pour la thyroïde ne montre qu'une légère anomalie, il est possible qu'on vous prescrive un traitement préventif à la thyroxine.

La maladie thyroïdienne et la grossesse

La maladie de Basedow et la grossesse

L'hyperthyroïdie qui survient pendant la grossesse résulte presque toujours de la maladie de Basedow. Cela dit, ce n'est pas courant. Les maladies auto-immunes (voir le glossaire p. 97), dont la maladie de Basedow est un exemple, ont tendance à s'atténuer d'elles-mêmes pendant la grossesse. De plus, les femmes qui souffrent d'hyperthyroïdie sont souvent stériles, car il y a une augmentation du nombre de cycles menstruels pendant lesquels un œuf n'est pas libéré par les ovaires.

Comme l'anticorps stimulant les fonctions thyroïdiennes, responsable de l'hyperthyroïdie de la maladie de Basedow, traverse le placenta et passe du sang de la mère à celui du fœtus, l'enfant sera également atteint d'hyperthyroïdie. Heureusement, les antithyroïdiens traversent également le placenta et le contrôle adéquat de l'hyperthyroïdie de la mère assurera la protection du fœtus. Un avortement spontané (fausse couche) est malheureusement à craindre si l'hyperthyroïdie d'une femme enceinte n'est pas décelée ou traitée adéquatement.

Le placenta

Le fœtus dépend de sa mère pour l'oxygène et les éléments nutritifs. Le placenta permet l'échange d'oxygène et de nourriture entre la mère et l'enfant.

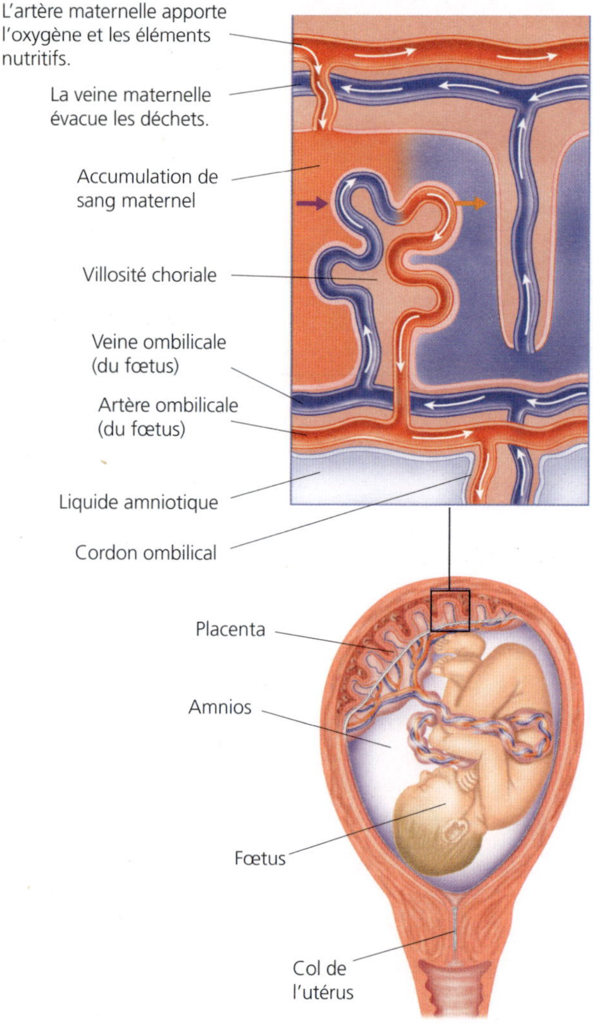

Des doses trop importantes d'antithyroïdiens peuvent provoquer la formation d'un goitre chez le fœtus. Par conséquent, il est important de prescrire la dose la plus faible possible de carbimazole à la patiente en vue de rétablir des taux normaux d'hormones thyroïdiennes dans le sang. Ces taux sont vérifiés toutes les quatre à six semaines en collaboration étroite avec l'obstétricien traitant.

La patiente cessera de prendre le carbimazole habituellement quatre semaines avant la date prévue de l'accouchement pour éviter toute possibilité que le fœtus ne soit atteint d'hyperthyroïdie à un moment critique de son développement.

Si l'hyperthyroïdie survient de nouveau chez la mère après la naissance du bébé et qu'elle allaite, elle devra remplacer le carbimazole par le propylthiouracile, car celui-ci est beaucoup moins excrété dans le lait maternel et donc, moins préjudiciable au bébé.

Certaines études américaines font état d'un lien possible entre le carbimazole et une maladie rare chez le nouveau-né, l'aplasie ectodermique, où il y a une anomalie de la peau couvrant une petite partie du cuir chevelu. Au Royaume-Uni, on estime que ce risque, s'il existe vraiment, est grandement exagéré.

La plupart des spécialistes anglais n'hésitent pas à prescrire le carbimazole pendant la grossesse. Toutefois, certains préfèreront le propylthiouracile au carbimazole. La dose de propylthiouracile est 10 fois celle du carbimazole et elle est offerte seulement en comprimés de 50 mg.

Le traitement à l'iode radioactif n'est jamais administré pendant la grossesse. On conseille l'intervention chirurgicale à l'occasion autour de la 20e semaine pour les patientes qui souffrent trop des effets indésirables des médicaments ou qui les prennent de façon irrégulière, mettant ainsi le fœtus à risque.

L'hyperthyroïdie chez le nouveau-né (thyrotoxicose nénonatale)

Chez la plupart des femmes atteintes de la maladie de Basedow pendant leur grossesse, la présence de l'anticorps stimulant les fonctions thyroïdiennes dans le sang diminue ou devient inexistant. Cependant, chez certaines, ce taux demeure élevé et comme l'échange de sang se fait entre la mère et le fœtus jusqu'au moment de la naissance, le nouveau-né aura donc un taux élevé de cet anticorps, ce qui pourrait provoquer une hyperthyroïdie chez ce dernier. Bien qu'il soit possible de détecter les bébés les plus susceptibles d'être atteints d'hyperthyroïdie à partir des niveaux élevés d'anticorps dans le sang de la mère vers la fin de la grossesse, tous les nouveaux-nés au Royaume-Uni, sont soumis à une analyse sanguine peu après leur naissance afin de vérifier les taux d'hormones thyroïdiennes.

Décelée à ce stade, la maladie est facile à traiter et ne persiste que pendant deux ou trois semaines, jusqu'à ce que les anticorps de la mère soient décomposés et inactivés. Très rarement, les mères chez qui la maladie de Basedow a été traitée avec succès par le passé continuent de produire des anticorps stimulant les fonctions thyroïdiennes mettant ainsi leurs enfants à risque de souffrir d'hyperthyroïdie néonatale.

Présentation d'un cas

Rebecca et son mari essayaient d'avoir un enfant depuis trois ans, sans succès. Rebecca est tombée enceinte à deux reprises, mais malheureusement, elle a, à chaque occasion, avorté spontanément après environ 10 semaines. Elle semblait et se sentait en bonne santé, même si elle avait perdu quelques kilos, ce qu'elle attribuait à son mode de vie actif : tenir maison, s'occuper de son fils de cinq ans tout en travaillant à temps partiel comme secrétaire. Elle était un peu inquiète, car ses menstruations, d'habitude aussi régulières qu'une horloge, étaient devenues beaucoup moins abondantes et absentes à l'occasion.

Sa mère lui met la puce à l'oreille lorsqu'elle lui apprend qu'on avait diagnostiqué de l'hyperthyroïdie chez sa cousine d'Australie. Elle a donc consulté son médecin, et, malgré l'absence de signes évidents (ni goitre ni yeux exorbités), l'analyse sanguine a révélé une hyperthyroïdie bénigne. L'hôpital local a confirmé qu'elle était causée par la maladie de Basedow. On a commencé le traitement avec le carbimazole, d'abord en dose de 30 mg par jour, et 5 mois plus tard, Rebecca était enceinte.

Elle voyait un endocrinologue toutes les quatre semaines et au milieu de sa grossesse, elle ne prenait que cinq milligrammes de carbimazole par jour. Elle a cessé de prendre le médicament quatre semaines avant la date prévue de son accouchement. Elle a donné naissance à une petite fille en santé et le prélèvement sanguin fait à l'âge de sept jours était normal, sans trace d'anomalie thyroïdienne. Rebecca a allaité sa fille, mais après quatre mois, l'hyperthyroïdie causée par la maladie de Basedow s'est de nouveau manifestée, car l'anticorps stimulant les fonctions thyroïdiennes était présent dans son sang. Elle a choisi de nourrir son bébé au biberon et, par la suite, elle a recommencé à prendre du carbimazole. Si elle avait décidé de continuer à allaiter son bébé, on lui aurait plutôt prescrit du propylthiouracile.

L'hyperthyroïdie et la grossesse

La plupart des femmes atteintes d'hyperthyroïdie prennent déjà de la thyroxine avant de tomber enceintes. Bien qu'il soit peu probable que l'hypothyroïdie bénigne nuise à la fertilité, les femmes qui souffrent d'une carence grave d'hormones thyroïdiennes pendant une longue période ont peu de chances de concevoir un enfant et si elles y parviennent, elles risquent de ne pas mener leur grossesse à terme.

Il peut être nécessaire d'augmenter la dose de thyroxine pendant la grossesse. Des recherches récentes révèlent que cette augmentation est surtout importante pour le fœtus au début de la grossesse. Dès que vous savez que vous êtes enceinte, vous devez augmenter votre dose de 25 g par jour. Vous devrez également vous soumettre à une analyse sanguine environ tous les 2 mois pendant la grossesse, et la dose supplémentaire moyenne de thyroxine sera de 50 g par jour. Vous pouvez revenir à votre dose normale après l'accouchement.

Bien que la thyroïde du fœtus se développe indépendamment de la mère et produise ses propres hormones, une récente étude américaine a révélé qu'une hypothyroïdie non décelée ou mal traitée chez la mère peut causer une légère diminution du QI de l'enfant. Votre bébé ne sera pas à risque si vous oubliez votre dose à l'occasion, mais si vous en faites une habitude, non seulement vous augmentez les risques d'avortement spontané, mais votre bébé ne sera peut-être pas aussi intelligent qu'il aurait dû l'être.

Il serait logique pour celles qui prennent de la thyroxine ou qui ont des antécédents familiaux de maladie thyroïdienne de s'assurer que leurs analyses sanguines sont normales lorsqu'elles planifient une grossesse.

L'hypothyroïdie chez le nouveau-né (hypothyroïdie congénitale)

Un nouveau-né sur environ 3 500 souffre d'hypothyroïdie parce que leur thyroïde ne s'est pas développée normalement. Par le passé, le problème n'était pas décelé avant que l'enfant n'ait déjà plusieurs semaines et, à ce stade de

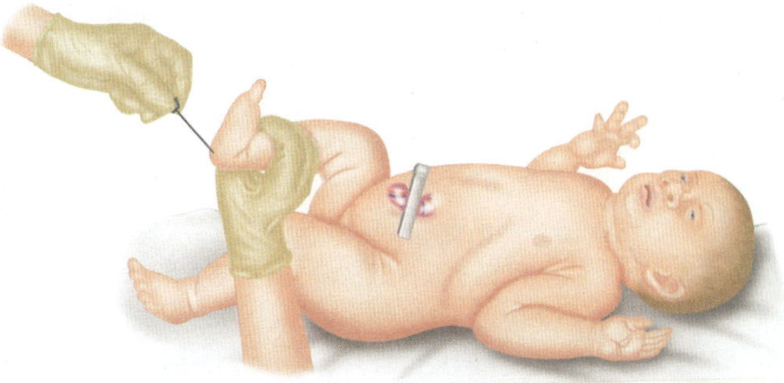

Ponction du talon pour prélever du sang sur un nouveau-né.

la maladie, il était susceptible de présenter un handicap physique et mental permanent, un état connu alors sous le nom de crétinisme.

De nos jours, tous les nouveaux-nés sont soumis à une analyse sanguine afin de dépister l'hypothyroïdie entre cinq et sept jours après leur naissance. Tout enfant atteint est traité promptement en vue d'assurer qu'il se développe normalement.

Habituellement, le traitement dure toute la vie, mais chez quelques bébés, l'hypothyroïdie est temporaire. Elle est attribuable à la mère atteinte d'hypothyroïdie. Chez ces femmes, des anticorps bloquant traversent le placenta et ont l'effet opposé des anticorps stimulant les fonctions thyroïdiennes de la maladie de Basedow et de la thyrotoxicose néonatale (voir p. 50).

Maladie thyroïdienne après la grossesse

Bien que l'hyperthyroïdie de la maladie de Basedow ait tendance à s'atténuer d'elle-même pendant la grossesse, elle redevient souvent grave dans les quelques mois suivant l'accouchement. Il existe toutefois une autre forme d'hyperthyroïdie qui peut survenir dans la première année suivant la naissance. Elle touche presque toujours les patientes qui souffrent d'une maladie thyroïdienne auto-immune sous-jacente, comme la thyroïdite de Hashimoto, qui n'a peut-être pas été décelée auparavant.

L'hyperthyroïdie est bénigne et ne dure seulement que quelques semaines. Si nécessaire, on prescrira un bêta-bloquant. Cette phase peut être suivie d'un épisode transitoire d'hypothyroïdie bénigne qui ne nécessite pas de traitement, et par la suite en général, la personne se rétablit complètement. Une tendance semblable peut se reproduire lors des grossesses ultérieures et l'hypothyroïdie chronique s'installe chez de nombreuses patientes.

Pour distinguer la thyroïdite post-partum (voir le glossaire p. 97) qui ne nécessite aucun traitement et la maladie de Basedow qui doit être traitée, deux tests sont nécessaires. L'un est la concentration d'anticorps stimulant les fonctions thyroïdiennes dans le sang, habituellement présents dans la maladie de Basedow; l'autre est la capacité de la thyroïde de concentrer l'iode radioactif ou le technétium, absente dans la thyroïdite post-partum.

Cette dernière touche environ cinq pour cent des femmes, mais la plupart des patientes ne manifestent aucun symptôme. Il semble qu'il n'y ait pas de lien entre les anomalies de la thyroïde décelées dans les analyses sanguines et la dépression postnatale.

Présentation d'un cas

Flora Stewart avait 25 ans. Elle était heureuse en ménage avec son mari William, un avocat, et ils avaient eu un enfant, Jane, cinq mois plus tôt. Leur relation a commencé à se détériorer lorsque Flora est devenue pleurnicheuse et colérique, brusque avec William sans raison valable. Elle dormait mal et William a remarqué que ses mains tremblaient.

Toutefois, ils ont tous deux attribué ces symptômes aux changements hormonaux suivant la grossesse et la naissance de leur fille. Ils étaient convaincus que tout redeviendrait bientôt à la normale. Lorsque Flora a commencé à se plaindre de palpitations, William l'a persuadée de consulter son médecin. Ce dernier soupçonnait que Flora souffrait d'hyperthyroïdie, ce qui a été confirmé par une analyse sanguine.

Cette nouvelle était préoccupante pour Flora parce que sa mère avait souffert de la maladie de Basedow dans la trentaine et ses yeux étaient toujours demeurés proéminents 20 ans plus tard, même si elle était guérie de son hyperthyroïdie. En vue de soulager certains des symptômes de Flora, son médecin lui a prescrit une forme de propanolol à libération lente (Inderal LA), 80 mg à prendre une fois par jour. Il lui a suggéré de consulter un spécialiste de l'hôpital local. Au moment de son rendez-vous, quatre mois plus tard, Flora se sentait beaucoup mieux et une nouvelle analyse sanguine a révélé qu'elle souffrait d'une légère hypothyroïdie.

Plutôt que la maladie de Basedow, le diagnostic a révélé une thyroïdite post-partum et Flora en a été rassurée. Elle n'aurait pas les yeux exorbités de sa mère. Elle a cessé de prendre le propanolol et deux mois plus tard, une analyse sanguine indiquait que tout était parfaitement normal.

Flora sait maintenant qu'elle peut manifester les symptômes de la thyroïdite post-partum après une grossesse, et qu'elle est plus susceptible de souffrir d'hypothyroïdie chronique plus tard dans sa vie.

Cependant, son médecin procède à une analyse sanguine chaque année pour s'assurer qu'elle est décelée avant que des symptômes graves ne se manifestent.

POINTS CLÉS

- Si vous planifiez une grossesse, dites-le à votre médecin, car vous devrez peut-être changer de médicament.
- Votre médecin vous surveillera de près pendant votre grossesse, mais votre traitement ne nuira pas au développement de votre bébé.
- Une maladie thyroïdienne bénigne surviendra chez certaines femmes après la naissance de leur bébé, mais elle est facile à traiter. Si vous éprouvez des symptômes semblables à ceux qui sont décrits à la page 54 (cas de Flora), demandez à votre médecin si cette maladie peut en être la cause.
- Même si votre enfant naît avec une hypothyroïdie ou une hyperthyroïdie, si vous souffrez de l'un ou l'autre de ces troubles, comme tous les nouveaux-nés il sera soumis à une analyse de routine peu après sa naissance, et il sera traité, au besoin.

Le goitre

L'apparition d'un goitre

L'hypertrophie (augmentation du volume) de la thyroïde est connue sous le nom de goitre. Il existe de nombreuses causes, notamment une carence en iode qui se produit chez les habitants des régions montagneuses éloignées du monde, chez les personnes qui prennent du carbonate de lithium (Priadel) pour traiter leur trouble bipolaire et chez les patients atteints de troubles auto-immuns, comme la thyroïdite de Hashimoto (voir p. 35) et la maladie de Basedow (voir p. 8-34).

Toutefois, la cause de la plupart des goitres au Royaume-Uni est inconnue. On les appelle les « goitres simples », malgré le fait que leur apparition dépende certainement de raisons complexes. Bien que la thyroïde soit hypertrophiée, elle continue à produire des quantités normales d'hormones et on parle de patient euthyroïdien plutôt qu'hyperthyroïdien ou hypothyroïdien.

Au début chez les adolescents et les jeunes adultes, l'augmentation de volume du goitre est uniforme ou diffuse. Au cours des 15 à 25 années suivantes, la cause qui a provoqué le goitre perdure et le volume de la thyroïde continue d'augmenter, et elle devient pleine de bosses ou de nodules. Au moment où le jeune adulte atteint l'âge moyen, le goitre sera devenu grumeleux, ce qu'on appelle en médecine un « goitre multinodulaire ».

Le goitre diffus simple

La plupart des personnes atteintes sont surtout de jeunes femmes de 15 à 25 ans. Si vous en faites partie, vous (ou l'une de vos proches) aurez remarqué une enflure uniforme et symétrique à l'avant de votre cou. Vous en souffrez peut-être depuis des années, en croyant qu'il s'agit seulement de « graisse de bébé ». Le goitre montera et descendra lorsque vous avalez. Cela dit, il n'est pas douloureux au toucher, vous n'avez habituellement aucune difficulté à avaler, mais vous pouvez ressentir une sensation de serrement dans le cou.

Le volume du goitre peut varier légèrement et être plus évident au moment des menstruations ou pendant la grossesse. Il ne pose pas de problème sur le plan esthétique, bien au contraire pour certaines personnes. Par exemple, les grands artistes des XVIIe et XVIIIe siècles ajoutaient souvent un goitre à leurs personnages féminins pour souligner leur beauté !

Confirmer le diagnostic

En général, votre médecin vous dirigera vers un spécialiste en vue d'exclure les causes plus rares de goitre, en palpant votre cou et par des analyses sanguines.

Le traitement

Il n'est pas nécessaire. Par le passé, on prescrivait de l'iode (souvent ajouté au lait) ou des comprimés de thyroxine, mais ils ne sont pas efficaces. De nombreuses personnes remarquent que leur goitre devient moins évident, ou même qu'il disparaît en deux ou trois ans.

Le goitre multinodulaire simple

Si vous êtes dans la quarantaine ou la cinquantaine, vous remarquerez probablement une enflure dans votre cou en vous lavant ou en appliquant votre maquillage devant le miroir. En fait, le goitre est peut-être présent depuis de nombreuses années, mais il a maintenant atteint un volume critique, ou votre cou s'est aminci.

Le goitre est souvent plus évident d'un côté du cou. Son volume peut varier. Il peut être à peine visible pour l'entourage ou tellement volumineux que vous voulez le cacher en portant un foulard ou un chandail à col haut.

Quelques personnes remarquent l'hypertrophie de leur thyroïde pour la première fois parce qu'une hémorragie interne a augmenté l'enflure, qui s'accompagne souvent d'un malaise dans le cou, comme une ecchymose, qui dure pendant quelques jours.

Si le goitre est volumineux, il peut être difficile d'avaler des aliments solides, secs, et si la trachée est comprimée dans une certaine mesure, vous pouvez avoir de la difficulté à respirer : les chanteurs en particulier remarqueront un changement dans leur voix.

Confirmer le diagnostic

Votre médecin peut demander une analyse sanguine pour vérifier si vos taux d'hormones thyroïdiennes sont normaux, mais il consultera probablement un spécialiste pour des investigations plus poussées et le traitement. Celui-ci vous demandera peut-être de vous soumettre à l'un des tests suivants.

Radiographie et spirométrie (essais respiratoires)

Ils révèleront si le goitre comprime ou écrase la trachée.

Échographie

Une sonde de la taille d'une petite lampe à main est passée sur la peau à l'avant du cou et une image du goitre se forme sur un écran.

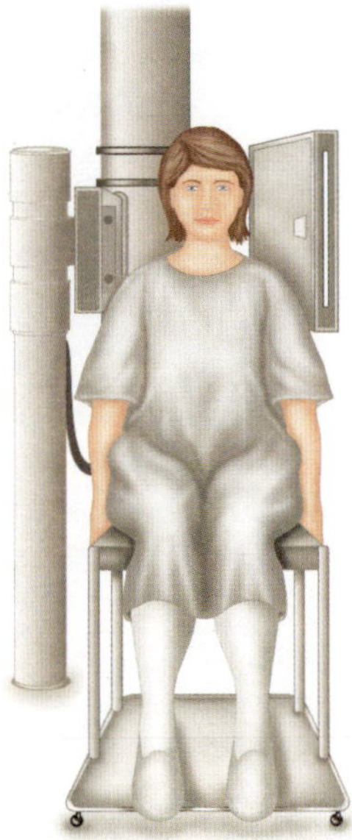

Radiographie

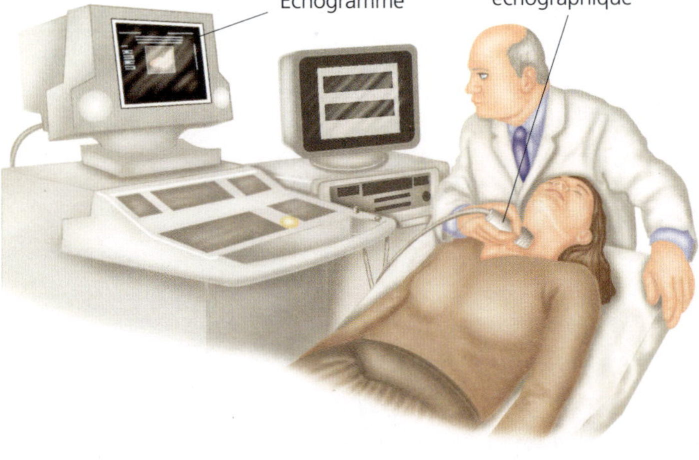

Échographie

En plus de montrer son volume et son étendue, elle mettra également en évidence tout kyste ou nodule que le spécialiste n'aurait pas remarqué en examinant votre cou.

Scintigraphie

Cette technique fournit une image différente, qui montre si les nodules présents dans le goitre sont susceptibles de produire des hormones thyroïdiennes. Le cas échéant, l'hyperthyroïdie est plus à craindre au cours des années qui viennent. On obtient l'image en injectant une minuscule quantité de substance radioactive appelée technétium 99m dans une veine. Environ 30 minutes après l'injection, on vous demande de vous étendre sous une caméra sophistiquée pendant quelques minutes (voir p. 15).

Cytoponction

On fixe une aiguille, de la même grosseur que celle qu'on utilise pour une analyse sanguine, à l'extrémité d'une seringue. On vous administre un anesthésique local et pendant que vous êtes allongé, on prélève des cellules du nodule du goitre. Si le nodule est très petit, on peut recourir à l'écographie pour s'assurer que l'aiguille est au bon endroit.

Le malaise ressemble à ce qu'on ressent pendant un prélèvement sanguin. En tirant sur le piston de la seringue et en déplaçant l'aiguille de haut en bas sur une très petite distance dans le goitre, le médecin peut prélever des cellules de la thyroïde à des fins d'analyse.

Ces cellules sont étalées sur une lame de verre qui sera traitée au laboratoire de pathologie, puis examinée au microscope. L'apparence des cellules aidera à établir si le goitre résulte d'une tumeur maligne (cancer).

On ne pratique pas souvent la cytoponction chez les patients atteints d'un goitre multinodulaire, à moins que la

La cytoponction

Le médecin prélève des cellules de la thyroïde à l'aide d'une aiguille fine.

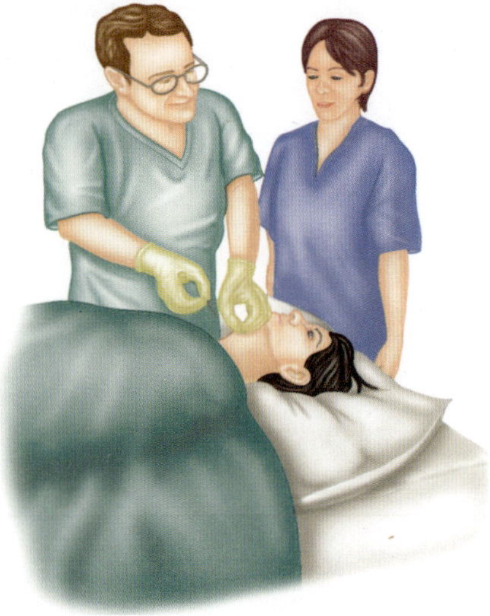

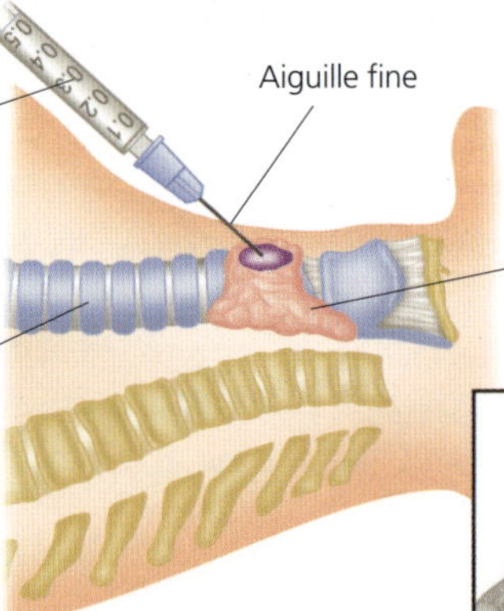

Intérieur du cou

Le prélèvement est traité au laboratoire et examiné au microscope pour déceler les anomalies.

glande ne soit beaucoup plus volumineuse d'un côté du cou, ou que le goitre n'augmente rapidement de volume.

Le traitement

Si votre goitre est relativement petit, vous n'aurez probablement pas besoin de traitement. Votre médecin vérifiera les taux d'hormones thyroïdiennes dans votre sang chaque année ou tous les 2 ans, car si la thyroïde produit trop d'hormones, il est possible qu'une hyperthyroïdie survienne au cours des 20 prochaines années. Bien que certains médecins prescrivent des comprimés de thyroxine dans certaines régions du monde pour tenter de réduire le goitre, ils sont d'une efficacité douteuse et peuvent causer l'hyperthyroïdie.

L'intervention chirurgicale

Si le goitre grossit tellement qu'il comprime la trachée ou qu'il est vraiment peu esthétique, l'intervention chirurgicale, qui consiste à exciser la majeure partie de la thyroïde, est le traitement le plus efficace. Aucun traitement préalable n'est nécessaire et vous serez hospitalisé pendant environ trois jours. Les complications sont les mêmes que pour la maladie de Basedow (p. 18). Vous devrez peut-être prendre de la thyroxine par la suite, car les tissus restants de la thyroïde ne suffiront peut-être pas à produire les quantités adéquates d'hormones.

L'iode radioactif

Si le patient n'est pas apte à subir une intervention chirurgicale ou s'il n'en veut pas, il est possible de réduire le goitre d'environ de moitié avec l'iode radioactif. Une forte dose est nécessaire et l'hospitalisation est requise pendant 24 à 48 heures.

L'évolution possible du goitre au cours de la vie

Le goitre nodulaire, ou goitre juvénile évolue en goitre multinodulaire à l'âge moyen et en goitre multinodulaire toxique à un âge avancé. On ignore la cause du goitre, mais si ce qui provoque la croissance de la thyroïde demeure, des bosses ou des nodules se formeront. Ces nodules produisent leurs propres hormones thyroïdiennes et à mesure que leur nombre et leur taille augmentent au fil des années, l'hyperthyroïdie survient. La trachée, illustrée par les lignes pointillées, peut être déplacée et rétrécie à mesure que le goitre prend du volume.

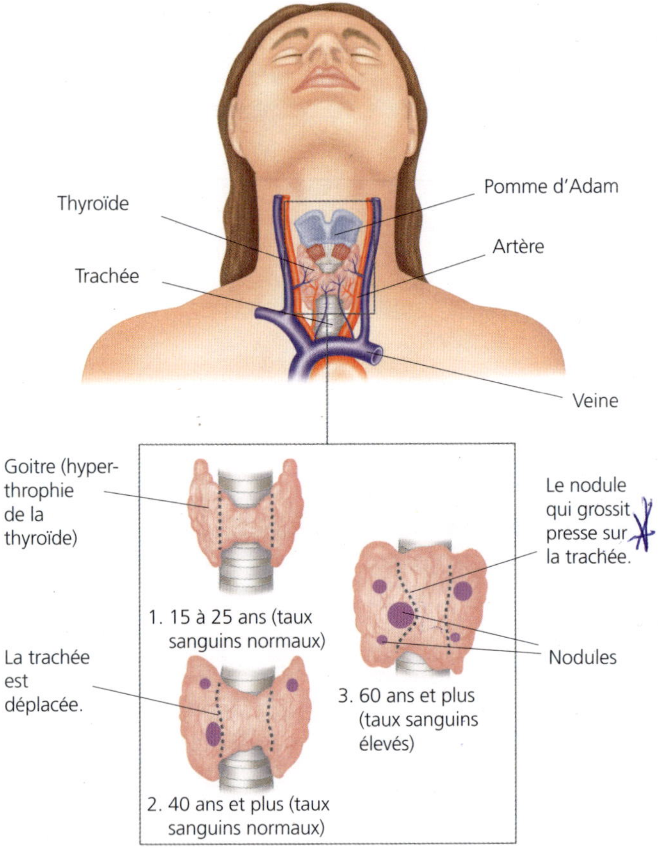

Si tel est le cas, vous serez seul dans votre chambre, afin d'éviter la contamination par la radioactivité des autres patients et des visiteurs.

La réduction du goitre peut prendre plusieurs mois. Il est peu probable que la thyroïde ralentisse sa production d'hormones, car l'iode radioactif se concentre surtout dans les nodules, et à mesure qu'ils sont réduits, les tissus de la thyroïde qui les entourent, qui étaient inactifs et n'ont pas été touchés par le rayonnement, commencent à produire des hormones.

Présentation d'un cas

Jenny Morris était une célibataire dans les 70 ans qui avait été une actrice accomplie. Elle portait toujours un foulard noué autour du cou, jour et nuit, l'été comme l'hiver. Ses amis et ses voisins croyaient qu'il s'agissait d'une excentricité, mais lorsqu'elle a été admise à l'urgence de l'hôpital pour des douleurs abdominales dues à des calculs biliaires, on a enlevé le foulard, ce qui a révélé un large goitre et une cicatrice d'une chirurgie antérieure de la thyroïde.

Madame Morris a expliqué que l'intervention avait été pratiquée pour le goitre dans sa jeunesse. Au milieu de la quarantaine, le goitre est apparu de nouveau, mais on lui a dit qu'il n'était pas question de l'opérer, car une deuxième intervention était plus difficile sur le plan technique, et toute lésion aux nerfs avoisinants des cordes vocales (larynx) ruinerait sa carrière. Avec le temps, le goitre a continué de prendre du volume. Elle a pris l'habitude de porter des foulards pour éviter l'embarras.

Les analyses sanguines ont montré qu'elle souffrait d'une légère hyperthyroïdie. Trois mois plus tard, après un traitement à l'iode radioactif, ses analyses sont redevenues normales. Tout aussi important, un an plus tard la taille de son goitre était réduite au moins de moitié, et elle avait volontiers abandonné ses foulards !

Les nodules thyroïdiens

Il est courant de trouver une seule bosse ou un seul nodule dans la thyroïde, à tout âge. Les femmes sont plus susceptibles d'être touchées que les hommes.

Un seul nodule thyroïdien

La taille du nodule varie du pois à une balle de golf, voire plus grosse. Comme dans le cas du goitre, on le découvre par accident : en se lavant ou en se regardant dans un miroir. L'hémorragie du nodule peut causer des douleurs, ce qui vous avertit de sa présence.

On peut également découvrir le nodule pendant un examen médical pour un problème qui n'a rien à voir avec la thyroïde, même si vous et votre famille n'avez rien remarqué auparavant. La plupart des femmes sont conscientes de l'importance d'une bosse dans le sein, et naturellement, elles craignent qu'un nodule dans la thyroïde soit le signe d'un cancer. C'est pourquoi votre médecin vous dirigera probablement vers un spécialiste. En fait, la grande majorité des nodules thyroïdiens simples sont bénins; il ne s'agit pas de cancer.

Confirmer le diagnostic

Si vous n'avez qu'un seul nodule thyroïdien et que votre analyse sanguine montre des taux normaux de T3, T4 et de TSH, vous appartenez médicalement à la classe des « euthyroïdiens »; si l'analyse sanguine révèle une hyperthyroïdie, le diagnostic sera celui de l'adénome toxique.

Le spécialiste de la thyroïde examinera minutieusement votre cou, car chez presque la moitié de tous les patients à un seul nodule, on découvre une hypertrophie nodulaire généralisée de la thyroïde, connue sous le nom de goitre multinodulaire. Dans ce cas, soyez assuré que votre état n'est pas grave.

Si une investigation plus approfondie est nécessaire, on pourra recourir à la radiographie, à l'écographie ou à la scintigraphie de la thyroïde, mais le test le plus important est la cytoponction du nodule. voir page 62

La technique est simple, rapide et peut être pratiquée deux ou trois fois, si nécessaire. Elle est indolore et ne cause aucun inconfort excessif. La cytoponction est l'un des progrès les plus importants dans le soin des gens atteints d'un trouble de la thyroïde. Auparavant, la majorité des patients ne présentant qu'un seul nodule devaient subir une intervention chirurgicale. De nos jours, on peut éviter de nombreuses interventions simplement en examinant un petit prélèvement de cellules thyroïdiennes obtenu par aspiration en consultation externe. Le résultat sera l'un de ceux qui sont indiqués à la page suivante.

Les nodules bénins (non cancéreux) peuvent continuer à grossir pendant de nombreuses années et devenir si gros qu'on doive les enlever pour des raisons d'esthétique.

Si vous craignez toujours qu'une bosse puisse être signe de cancer, votre spécialiste pourra vous proposer une intervention chirurgicale pour l'exciser et l'examiner au microscope. De cette façon, la question sera résolue une fois pour toutes.

Quels sont les résultats possibles de la cytoponction ?

- L'aiguille aspirera le liquide et le nodule disparaîtra. Cela signifie que le nodule était un kyste thyroïdien et qu'aucun autre traitement n'est nécessaire. Si le kyste réapparaît, il peut être aspiré de nouveau. Cela dit, la prochaine fois vous devrez subir une intervention chirurgicale pour enlever le lobe de la thyroïde contenant le kyste.
- Les cellules prélevées du nodule montrent qu'il est bénin et par conséquent, vous n'avez pas de cancer. À moins que l'enflure ne soit suffisamment importante pour vous défigurer et justifier une intervention chirurgicale, soyez rassuré : vous n'avez besoin d'aucun traitement.
- Les cellules prélevées sont malignes, ce qui signifie que le nodule est cancéreux. Vous devrez subir une intervention chirurgicale sans tarder.
- Parfois, en raison du petit nombre de cellules prélevées, il peut être impossible d'affirmer avec certitude que le nodule est bénin ou malin (cancer). Dans ce cas, on procédera à une intervention chirurgicale pour exciser le nodule en entier, de façon à pouvoir l'examiner attentivement au microscope.

POINTS CLÉS

- Au Royaume-Uni, la cause du goitre demeure en général un mystère.
- Les jeunes qui souffrent d'un goitre diffus simple ont rarement besoin d'un traitement.
- Si vous souffrez d'un goitre multinodulaire, vous serez probablement dirigé vers un spécialiste qui vous fera subir plusieurs tests.
- Un petit goitre peut être ignoré, mais vous devrez vous soumettre régulièrement à des analyses sanguines, car il est possible qu'une hyperthyroïdie se manifeste plus tard.
- Une intervention chirurgicale ou un traitement à l'iode radioactif peut être nécessaire si le goitre cause des problèmes.
- Les comprimés de thyroxine ne réduisent pas le goitre, même s'ils sont toujours prescrits dans certains pays.
- Bien qu'une personne qui présente des nodules thyroïdiens puisse souvent craindre d'être atteinte d'un cancer, c'est rarement le cas.
- La cytoponction, un examen simple et indolore, permet d'éviter l'intervention chirurgicale chez un nombre croissant de patients.
- Si votre apparence vous préoccupe, ou si vous craignez un cancer, vous pouvez subir une intervention chirurgicale pour exciser le nodule.

Le cancer de la thyroïde

Qu'est-ce que le cancer ?

Une nodosité de tissu humain de la taille d'un cube de sucre peut contenir mille millions de cellules. Ce sont les minuscules éléments qui constituent notre organisme et que l'on ne peut voir qu'au microscope. Il est assez étonnant que les milliards de cellules d'un corps humain fonctionnent en parfaite harmonie; chaque cellule connaît sa place et accomplit le travail pour lequel elle a été conçue. La plupart des cellules ont une durée de vie limitée : des millions sont produites chaque jour pour remplacer celles qui meurent en raison de leur âge ou de l'usure.

De nouvelles cellules sont produites lorsque les cellules existantes se divisent en deux. Sauf chez les enfants qui sont en pleine croissance, le nombre de cellules qui meurent et qui se divisent s'équilibre toujours. En général, les cellules perdues sont remplacées par le même nombre de nouvelles cellules. Les mécanismes de contrôles sont très complexes et en leur absence, il peut y avoir une surproduction de cellules et la formation de tumeurs.

Cela dit, il importe de savoir que seule une infime minorité de tumeurs sont cancéreuses. La plupart des tumeurs sont des accumulations locales de cellules normales ou relativement normales, et elles sont bénignes. La verrue en est un exemple courant.

Comment se forme une tumeur ?

Une tumeur cancéreuse commence par une seule cellule. Si elle n'est pas détruite par le système immunitaire, elle se dédoublera et les deux cellules produites se diviseront à leur tour, et ainsi de suite.

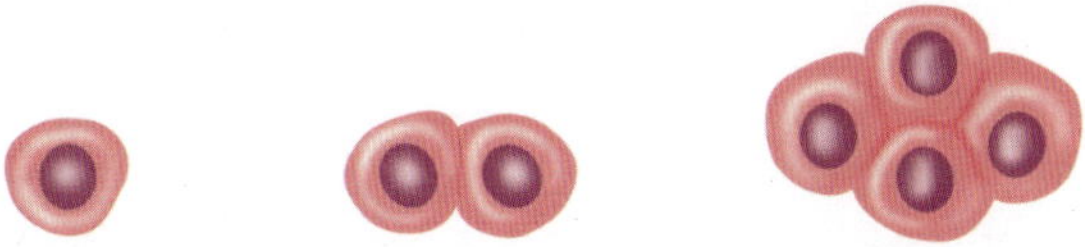

Cellule cancéreuse Première division Deuxième division

Le développement d'un cancer (tumeur maligne) amène une augmentation de la quantité de cellules et un changement dans leur qualité : leur comportement et leur apparence changent. Elles deviennent plus agressives, destructives et indépendantes des cellules normales. Elles acquièrent la capacité de s'infiltrer et d'envahir les tissus environnants.

Dans certains cas, les cellules peuvent également envahir les vaisseaux sanguins et lymphatiques et se propager ailleurs, loin de la première tumeur. Avec le temps, elles causeront le développement de tumeurs secondaires, qu'on appelle des métastases, dans les ganglions lymphatiques et d'autres organes, comme les poumons, le foie et les os.

Les tumeurs malignes de la thyroïde sont rares. Par exemple, un spécialiste peut voir de 50 à 100 patients avec une hyperthyroïdie causée par la maladie de Basedow pour un patient atteint d'un cancer. Les cancers les plus fréquents sont les suivants :

- le carcinome papillaire qui touche habituellement les enfants et les jeunes femmes;
- le carcinome folliculaire, inhabituel avant l'âge de 30 ans.

Comment se propage le cancer ?

Les tumeurs cancéreuses peuvent se propager à des sites éloignés dans l'organisme pour former des métastases. Dans la métastase, la cellule cancéreuse se sépare de la tumeur maligne et passe par le sang ou la lymphe pour s'établir à un nouvel endroit.

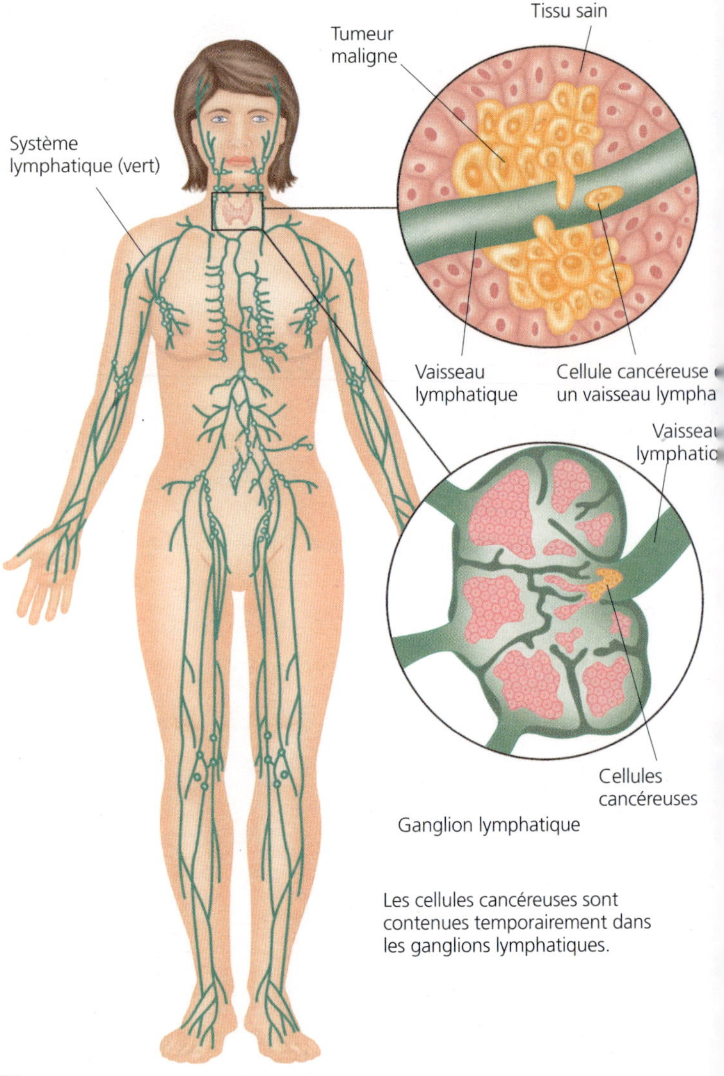

Les cellules cancéreuses sont contenues temporairement dans les ganglions lymphatiques.

Ces termes décrivent l'apparence de la tumeur au microscope. Dans le carcinome papillaire, la tumeur contient des papilles ou frondes (semblables à des feuilles de fougère), alors que l'apparence du carcinome folliculaire est nettement anormale, bien que certaines structures ressemblent toujours aux follicules normaux de la thyroïde.

Cela dit, les deux cancers peuvent apparaître à tout âge. Si la maladie est diagnostiquée et traitée à temps, l'espérance de vie n'en sera pas affectée. Autrement dit, vous courez plus de risques de mourir d'un accident vasculaire cérébral ou d'une crise cardiaque à un âge avancé.

Confirmer le diagnostic

La plupart des patients consultent leur médecin en raison d'une bosse dans le cou ou de la croissance rapide d'un goitre qu'ils ont depuis de nombreuses années. Le diagnostic du cancer de la thyroïde se fait à l'hôpital par une cytoponction ou à la suite d'une intervention chirurgicale.

Parfois, le patient consulte son médecin parce que les ganglions lymphatiques de son cou sont enflés, ce qui aurait pu à l'origine provenir de la maladie de Hodgkin. Toutefois, une biopsie montra que ce patient souffrait d'un carcinome papillaire qui s'est propagé par le système lymphatique, de la thyroïde aux ganglions lymphatiques avoisinants.

Le traitement

L'intervention chirurgicale

En général, on traite les carcinomes papillaires et folliculaires en excisant la plus grande partie possible de la thyroïde (thyroïdectomie totale). Tout ganglion lymphatique du cou anormalement gros est enlevé à ce stade.

Aucun traitement particulier n'est requis avant l'intervention. Vous revenez à la maison deux jours plus tard habituellement. Comme il s'agit d'une chirurgie majeure,

Vue microscopique de la thyroïde

Les follicules que vous voyez ici en coupe transversale ressemblent davantage à des balles de golf légèrement déformées. Les fossettes à la surface correspondent aux cellules folliculaires qui produisent les hormones thyroïdiennes et les libèrent dans les capillaires tout près. Le colloïde, où ces hormones s'accumulent en réserve, est une substance semi-liquide qui ressemble au matériau que contenaient les anciennes balles de golf. La thyroïde contient plusieurs milliers de follicules. La pointe de l'aiguille superposée montre que la cytoponction prélève un très petit échantillon de cellules de deux ou trois follicules, ce qui ne représente pas nécessairement la situation dans son ensemble.

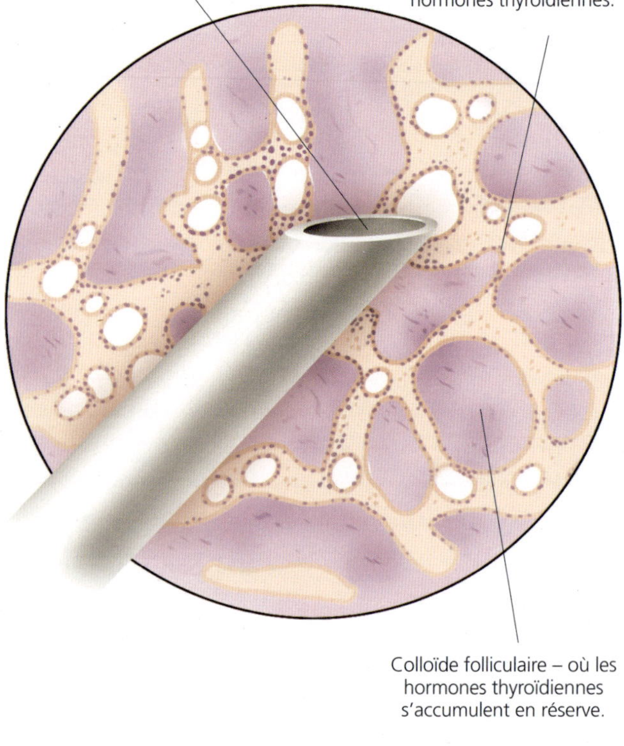

les lésions aux parathyroïdes sont plus à craindre que dans d'autres types de chirurgie de la thyroïde.

Le faible taux de calcium sanguin qui en découle se traite facilement avec un dérivé de la vitamine D, connu sous le nom d'alfacalcidol (One-alpha), en comprimés, à raison d'un à deux microgrammes par jour.

L'iode radioactif

Il est impossible d'enlever entièrement la thyroïde par une intervention chirurgicale. Pour cette raison, on administre une forte dose d'iode radioactif (iode 131) aux patients atteints d'un carcinome papillaire ou folliculaire pour tuer les cellules restantes.

L'iode est administré à l'hôpital sous forme liquide ou de gélule. Votre séjour à l'hôpital sera de 24 à 48 heures. Vous serez seul dans votre chambre, isolé des autres patients.

En général, vous recevrez ce traitement trois à quatre semaines après l'intervention et avant de prendre des comprimés de thyroxine, car il est plus efficace en situation d'hypothyroïdie, lorsque les taux de TSH sanguins sont élevés. Si pour quelque raison il y a un retard et que vous prenez déjà de la thyroxine pour prévenir l'hypothyroïdie, vous devrez cesser ce traitement environ quatre semaines avant de prendre l'iode radioactif.

Vers la fin de la période sans thyroxine, vous ressentirez peut-être de la fatigue, mais vous n'êtes pas en danger. Vous pouvez recommencer à prendre votre pleine dose de thyroxine 48 heures après votre traitement à l'iode, et vous retrouverez votre forme habituelle de 10 à 14 jours plus tard.

La thyroxine

Les médecins estiment que la rapidité de croissance des carcinomes papillaires et folliculaires peut s'accélérer avec la TSH.

Par conséquent, vous devez vous assurer de prendre suffisamment de thyroxine pour que le taux sanguin de TSH soit indécelable.

Les patients atteints d'un cancer de la thyroïde nécessitent une dose légèrement plus élevée de thyroxine que ceux qui souffrent d'hypothyroïdie. En général, une dose de 150 à 200 g par jour suffit à interrompre la sécrétion de TSH par l'hypophyse.

Le suivi

Tout comme la thyroïde normale, les carcinomes papillaires et folliculaires produisent une substance : la thyroglobuline.

La thyroïde ne sécrète cette substance qu'en présence de TSH, ce qui n'est pas le cas avec le cancer de la thyroïde. En conséquence, si la TSH n'est pas décelable dans le sang parce qu'elle a été supprimée par un traitement à la thyroxine, la thyroglobuline du sang doit provenir d'un cancer récurrent dans le cou ou d'un cancer qui s'est propagé à d'autres régions de l'organisme (tumeurs secondaires ou métastases).

La thyroglobuline est connue comme un « marqueur tumoral ». Si un patient qui prend des quantités adéquates de thyroxine présente un taux élevé de thyroglobuline, le spécialiste pourra demander d'autres analyses, comme une échographie du cou (voir p. 60) ou la tomodensitométrie de la poitrine pour déterminer l'emplacement de la tumeur récurrente ou de ses métastases.

Un balayage de l'organisme en entier avec l'iode radioactif peut également être utile, en général 24 à 48 heures après une dose orale d'iode 131, quatre semaines après que le patient ait cessé de prendre la thyroxine ou de recevoir des injections de TSH.

Toute tumeur trouvée doit être traitée par une forte dose d'iode radioactif à l'hôpital.

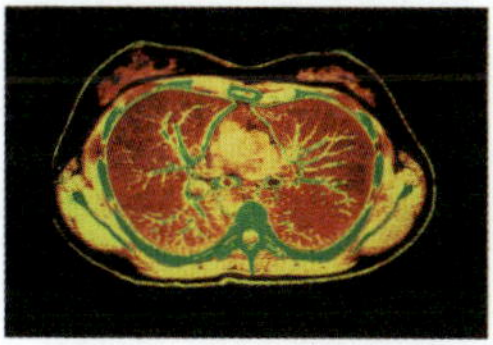

Exemple de résultat

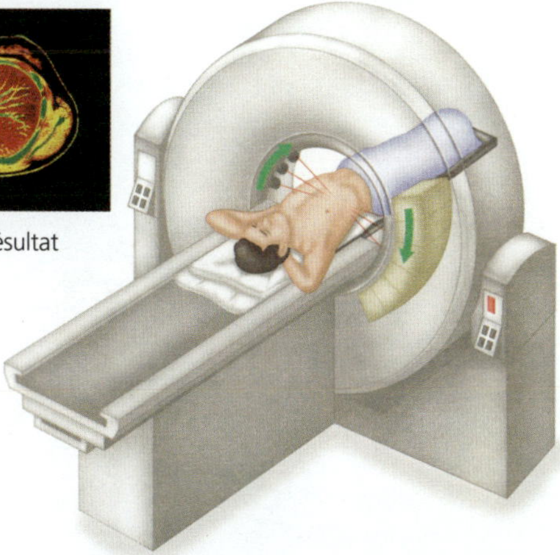

Dans la tomodensitométrie, on utilise un tube à rayons X qui tourne autour du patient, et on prend des radiographies de son corps sous différents angles. Les radiographies sont captées par des senseurs numériques et un ordinateur qui analyse ces données pour créer une image anatomique.

Le Thyrogen

C'est ainsi qu'on appelle la forme recombinante de la TSH humaine, une protéine identique à la TSH dans l'hypophyse et le sang, mais qui a été fabriquée en laboratoire. On la vend depuis peu au Royaume-Uni. Le Thyrogen (thyrotropine alfa) s'administre par injection intramusculaire une fois par jour durant les deux jours qui précèdent le traitement à l'iode radioactif.

Ainsi, en augmentant les concentrations de TSH dans le sang, vous n'aurez pas à cesser de prendre vos comprimés de thyroxine pendant quatre semaines. Vous ne souffrirez d'aucun des symptômes de l'hypothyroïdie.

Près d'un an après votre intervention chirurgicale et votre traitement à l'iode radioactif, votre spécialiste voudra mesurer le marqueur tumoral, la thyroglobuline, avant et après deux injections de Thyrogen, afin de savoir si votre

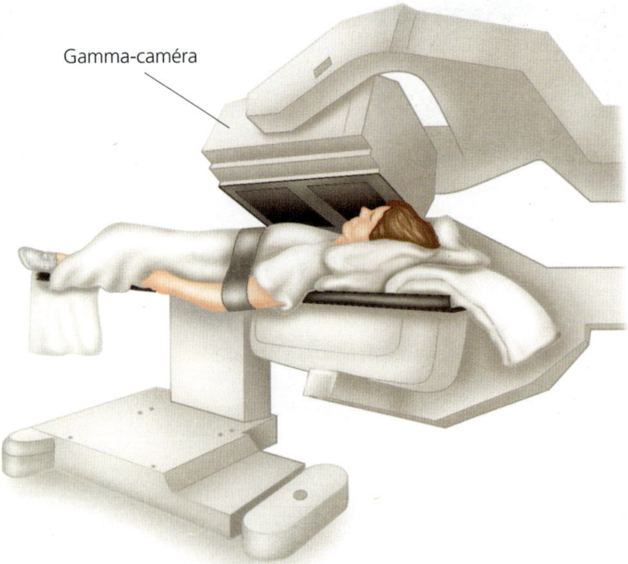

Tomodensitogramme de tout le corps à l'aide d'une gamma-caméra et de l'iode radioactif.

cancer est guéri ou si vous devez subir d'autres traitements.

Les perspectives

Tout dépend de la taille de la tumeur et de sa propagation au moment du diagnostic. Si elle est traitée adéquatement, une femme atteinte d'un petit carcinome papillaire de la thyroïde aura probablement une espérance de vie normale, même si le cancer s'est propagé aux ganglions lymphatiques du cou. Même les patients atteints d'un carcinome folliculaire qui s'est propagé aux os et aux poumons peuvent survivre pendant de nombreuses années avec une bonne qualité de vie.

Présentation d'un cas

Susan Jones avait 18 ans lorsqu'elle a fait une mauvaise chute en patinant, heurtant le côté de son cou contre la bande entourant la patinoire. Une fois la douleur et les ecchymoses disparues, elle a remarqué la présence d'une bosse de la taille d'un pois. Au départ, son médecin croyait qu'elle était liée à l'accident, même si elle bougeait pendant la déglutition, ce qui supposait que la bosse se trouvait dans la thyroïde plutôt que dans la peau ou le muscle.

Comme la bosse n'avait pas disparu après six semaines, il a dirigé Susan vers un spécialiste de l'hôpital universitaire local. Après un examen minutieux, le spécialiste a trouvé, en plus du petit nodule, que trois ganglions lymphatiques du côté droit de son cou étaient enflés. Il a donc prélevé un minuscule échantillon du nodule thyroïdien et d'un ganglion, aspirant des cellules par cytoponction. Ce test n'a demandé que quelques minutes, sans anesthésique local, et n'a causé aucun inconfort à Susan.

Le jour suivant, Susan et sa mère ont appris que la bosse indiquait une forme de cancer de la thyroïde, connu sous le nom de carcinome papillaire, et qu'il s'était propagé aux ganglions lymphatiques avoisinants. Le seul traitement était l'intervention chirurgicale et deux semaines plus tard, Susan était admise à l'hôpital où on lui a enlevé presque la totalité de sa thyroïde, de même que les ganglions atteints.

Un examen minutieux de la glande excisée par les pathologistes n'a révélé aucun signe de cancer thyroïdien. Après l'intervention, Susan a subi un traitement à l'iode radioactif en vue de détruire toute cellule thyroïdienne restante.

Elle a été guérie. Elle doit simplement prendre des comprimés de thyroxine jusqu'à la fin de sa vie et consulter le spécialiste chaque année pour une analyse sanguine.

L'accident de patinage s'est avéré un bien pour un mal, car il a permis de déceler un cancer thyroïdien à un stade très précoce. Sa propagation aux ganglions lymphatiques du cou était sans conséquence.

Les cancers rares

Ils regroupent les cancers suivants :

- Le carcinome médullaire de la thyroïde qui peut survenir de lui-même ou génétiquement, associé à des anomalies d'autres glandes endocrines ou du squelette.
- Le lymphome de la thyroïde qui touche habituellement les personnes âgées et peut s'accompagner d'autres maladies ailleurs dans l'organisme.
- Le carcinome de type aplasique qui touche également les personnes âgées.

Les perspectives pour les personnes atteintes de ces types de cancer sont moins bonnes. Le traitement est plus difficile et peut inclure la chimiothérapie et la radiothérapie.

POINTS CLÉS

- N'oubliez pas que le cancer de la thyroïde est rare.
- Les deux types que les médecins observent le plus souvent sont les carcinomes folliculaires et papillaires, généralement traités avec succès s'ils sont pris suffisamment à temps.
- Une intervention chirurgicale est nécessaire pour exciser la plus grande partie possible de la thyroïde et tout ganglion lymphatique anormal dans le cou. L'intervention est suivie d'un traitement à l'iode radioactif pour détruire toute cellule restante.
- Après l'intervention, les patients devront prendre de la thyroxine en doses légèrement plus élevées que la dose normale.
- Une analyse sanguine suivra probablement le traitement en vue de s'assurer qu'il ne subsiste aucune trace du cancer, et qu'il ne s'est pas propagé.
- Il existe quelques rares cancers qui touchent surtout les personnes âgées et qui sont plus difficiles à traiter.

LES ANALYSES SANGUINES DES TAUX D'HORMONES THYROÏDIENNES

Mesurer les taux d'hormones thyroïdiennes

De plus en plus, les patients veulent connaître leurs taux sanguins d'hormones thyroïdiennes et de TSH. Vous trouverez les intervalles de référence ou normaux pour les hormones mesurées couramment à la page 83).

Ces intervalles varieront légèrement d'un laboratoire à l'autre, selon la population normale utilisée dans les calculs et le type d'analyse chimique utilisé pour la mesure des hormones. La triiodothyronine (T3) et la thyroxine (T4) sont presque exclusivement liées à une protéine sanguine et sont donc inactives. Moins d'un pour cent de ces hormones sont libres et contrôlent le métabolisme de l'organisme. La mesure du total de T3 (TT3) et de T4 (TT4) comprend les fractions libres et liées, alors que la mesure de la T3 (T3L) et de la T4 libres (T4L) exclut les fractions liées, beaucoup plus considérables.

Dans la plupart des cas, la mesure du total des hormones thyroïdiennes et des fractions libres donne la même information : à savoir si la thyroïde fonctionne normalement, de façon insuffisante (hypothyroïdie) ou excessive (hyperthyroïdie). Certains laboratoires hospitaliers offrent la mesure du total des hormones thyroïdiennes, d'autres la mesure des hormones libres, mais rarement les deux.

Résultats typiques de l'hyperthyroïdie et de l'hypothyroïdie

Hyperthyroïdie

Règle générale, plus les symptômes d'hyperthyroïdie ou d'hypothyroïdie sont graves, plus les résultats des analyses seront anormaux. Chez la plupart des patients souffrant d'hyperthyroïdie :

- TT4 est d'environ 190 nmol/l
- TT3, 4 nmol/l
- T4L, 40 pmol/l
- T3L, 12 pmol/l

Toutefois, on peut observer des valeurs beaucoup plus élevées pour la T4L et la TT4, de plus de 100 pmol/l. Chez les patients plus âgés, l'hyperthyroïdie se révèle passablement problématique avec ses complications cardiaques comme l'arythmie causée par la fibrillation auriculaire, tout en présentant une augmentation négligeable des taux d'hormones thyroïdiennes. Chez tous les patients atteints d'hyperthyroïdie, sauf en de très rares exceptions, le taux sanguin de TSH est si faible qu'on ne peut le déceler.

Hypothyroïdie

Au moment où les symptômes typiques de l'hypothyroïdie se manifestent chez les patients, les taux de T4L et de TT4 sont très faibles, souvent de moins de 5 pmol/l et de 20 pmol/l respectivement, et associés à un taux de TSH élevé, de plus de 30 mU/l.

Rarement, l'hypothyroïdie provient d'une maladie de l'hypophyse plutôt que de la thyroïde elle-même. Dans ce cas, le taux de T4L ou de TT4 est combiné à un taux normal ou faible de TSH.

Dans l'hypothyroïdie bénigne (voir page 43), les taux de T4L et de TT4 se situent dans la zone inférieure de

Intervalles normaux de référence

Ce tableau montre les intervalles de référence normaux des hormones thyroïdiennes et de TSH dans le sang. Votre médecin comparera vos résultats avec ceux-ci pour évaluer votre état.

Thyroxine totale (TT4)	60 à 150 nanomoles par litre (nmol/l)
Thyroxine libre (T4L)	10 à 25 picomoles par litre (pmol/l)
Triiodothyronine totale (TT3)	1,1 à 2,6 nanomoles par litre (nmol/l)
Triiodothyronine libre (T3L)	3,0 à 8,0 picomoles par litre (pmol/l)
Thyrotropine ou thyréostimuline (TSH)	0,15 à 3,5 milliunités par litre (mU/l)

Nanomoles = 10-9 moles; picomoles = 10-12 moles.
Pour ceux qui ont un esprit scientifique, une mole est le poids moléculaire d'une substance en grammes :

- une mole de thyroxine équivaut à 777 grammes;
- une nanomole de thyroxine équivaut à 777 nanogrammes (ou 777 x 10-9 grammes);
- une picomole de thyroxine équivaut à 777 picogrammes (ou 777 x 10-12 grammes).

Bien qu'on mesure maintenant la plupart des hormones en unités molaires, car elles semblent représenter l'activité de façon plus exacte, les médicaments sont prescrits en unités de masse ou en grammes. Une dose de 100 microgrammes (ou 100 x 10-6 grammes) équivaut à environ 130 nanomoles.

l'intervalle normal, par exemple 11 pmol/l ou 65 nmol/l, et ils sont associés à un taux de TSH sanguin situé entre 5 et 10 mU/l.

En général, on ne mesure pas les taux de T3 lorsqu'on soupçonne une hypothyroïdie chez le patient.

Évaluer la bonne dose de thyroxine

Votre médecin ou le spécialiste prescrira en général une dose de thyroxine qui élève les taux sanguins de T4L et de TT4 à la zone supérieure de l'intervalle normal et réduira le taux de TSH à la zone inférieure de l'intervalle normal.

Des résultats typiques seraient un taux de T4L de 24 pmol/l ou de TT4 de 140 nmol/l et un taux de TSH de 0,2 mU/l. Certains patients ont une sensation de bien-être seulement lorsque le taux de T4L ou de TT4 est élevé, par exemple 30 pmol/l ou 170 nmol/l, et un taux de TSH faible ou indécelable. Dans ce cas, il est indispensable que le taux de T3 soit formellement normal en vue d'éviter l'hypothyroïdie.

Si vous ne prenez pas votre thyroxine régulièrement, cela apparaîtra de façon très évidente dans l'analyse.

L'effet de la maladie sur les analyses sanguines des taux d'hormones thyroïdiennes

La maladie, qu'elle soit soudaine, comme la pneumonie ou une crise cardiaque, ou de longue durée, comme la polyarthrite rhumatoïde ou la dépression, peut avoir un effet sur les résultats de ces analyses et laisser croire à l'hyperthyroïdie ou l'hypothyroïdie. Il est possible qu'après vous avoir dirigé vers un spécialiste, à la suite d'examens plus poussés, on ne trouve aucun signe de trouble thyroïdien.

LES ANALYSES SANGUINES DES TAUX D'HORMONES THYROÏDIENNES NE DOIVENT PAS ÊTRE INTERPRÉTÉES ISOLÉMENT. LES SOINS MÉDICAUX APPROPRIÉS DÉPENDRONT ÉGALEMENT D'UNE ÉVALUATION MINUTIEUSE DES SYMPTÔMES ET DE L'EXAMEN CLINIQUE.

POINTS CLÉS

- Les intervalles normaux pour les analyses sanguines des taux d'hormones thyroïdiennes varient d'un laboratoire à l'autre.
- En général, plus les symptômes sont graves, plus les résultats des analyses sanguines seront anormaux.
- Les résultats des analyses sanguines ne doivent pas être interprétés isolément.

L'hypothyroïdie avec analyses sanguines normales

Certains patients sont convaincus que leurs symptômes de fatigue, de gain de poids et de manque d'énergie proviennent d'une hypothyroïdie, même si leurs taux sanguins de thyroxine (T4) et de thyréostimuline (TSH) sont normaux.

Cette croyance erronée a été alimentée par de nombreux articles de journaux et de magazines et des renseignements inexacts sur Internet. Malheureusement, quelques médecins sont prêts à diagnostiquer l'hypothyroïdie et à traiter les patients avec des hormones thyroïdiennes, même si les analyses sanguines sont normales, ou même sans aucune analyse. Généralement, ces médecins n'ont aucune formation en troubles thyroïdiens et la plupart en retirent un gain financier.

Les réponses aux questions suivantes, fréquemment posées par les patients qui ont l'impression qu'un traitement aux hormones leur serait bénéfique, vous convaincront peut-être qu'il est impossible de souffrir d'hypothyroïdie si vos taux sanguins de T4 et de TSH sont normaux.

« Mais j'ai les symptômes de l'hypothyroïdie... »

Le problème est que les symptômes d'hypothyroïdie sont ce qu'on appelle des symptômes « non spécifiques ». Autrement dit, des patients peuvent décrire des affections semblables qui proviennent en fait de problèmes différents. Par exemple, de nombreuses femmes d'âge moyen prennent du poids, ce qui entraîne de la fatigue, et cette fatigue pourrait être imputable à la ménopause, ou à du stress au travail et à la maison. La plupart d'entre nous manquent d'énergie de temps à autre. La fatigue prolongée peut facilement provenir d'une récente infection virale. Si les analyses sanguines des taux d'hormones thyroïdiennes sont normales, il est illogique de persister à croire qu'il s'agit d'hypothyroïdie plutôt que d'envisager d'autres diagnostics, des changements de style de vie ou d'affronter les difficultés au travail ou à la maison.

« Comment puis-je savoir quel taux de thyroxine est normal pour moi ? »

À l'hôpital où travaille l'auteur, l'intervalle normal ou de référence pour la thyroxine libre (T4L) dans le sang est de 10 à 25 picomoles par litre (pmol/l), bien que ce taux varie légèrement d'un laboratoire à l'autre. Si votre taux de T4 libre est de 14 pmol/l, vous pourriez raisonnablement vous demander s'il ne devrait pas être à 20 pmol/l, et si c'est le cas, s'il ne conviendrait pas de vous donner de la T4 pour soulager vos symptômes.

La réponse réside dans la mesure de l'hormone hypophysaire TSH. Par chance, le taux sanguin de T4 demeure le même jour après jour, d'un mois à l'autre et d'année en année chez une personne en santé. Dès que le taux chute, l'hypophyse augmente sa production de TSH pour stimuler la thyroïde à produire davantage de T4 et que son taux revienne à la normale.

Si un taux normal de T4L de 20 pmol/l chute à une valeur de 14 pmol/l, qui demeure dans l'intervalle de référence, la concentration de TSH dans le sang devient anormalement élevée – une indication qu'un traitement à la thyroxine pourrait être envisagé.

Si vous avez un taux de T4L de 14 pmol/l et une concentration normale de TSH, cela signifie que votre taux de T4L est bon pour vous et que vous avez pratiquement le même taux sanguin depuis votre naissance.

Toutefois, le médecin s'inquiétera si vous présentez un taux normal faible de T4L de 10 pmol/l, par exemple, et un taux normal élevé de TSH de 3,2 milliunités par litre (mU/l) (le taux normal va jusqu'à 3,5 mU/l). Cela peut indiquer que vous souffrez d'une maladie thyroïdienne auto-immune sous-jacente, surtout en présence d'anticorps antithyroïde. La plupart des médecins vous prescriront de la thyroxine sans espérer un changement radical, mais en vue de prévenir une hypothyroïdie plus grave dans les années qui suivent.

« Pourquoi certains patients qui ont des analyses sanguines normales se sentent-ils beaucoup mieux en prenant des hormones thyroïdiennes ? »

Environ 20 pour cent des gens qui prennent un placebo, croyant qu'il s'agit d'un vrai médicament, se sentiront mieux, quelle que soit leur maladie. Cet « effet placebo » peut durer plusieurs semaines, ou même des mois avant de s'estomper. Si vous croyez souffrir d'hypothyroïdie, malgré des analyses sanguines normales, toute amélioration de votre bien-être proviendra de votre relation avec un médecin « compatissant » qui vous prescrira ce que vous lui demandez. Des patients dans cette situation qui ont reçu un placebo ou de la thyroxine pendant plusieurs semaines, sans savoir lequel, ont été incapables de dire la différence. Autrement dit, la thyroxine n'était pas plus bénéfique qu'un comprimé factice chez les patients qui, en raison de symptômes comme la fatigue et le gain de poids, croyaient souffrir d'hypothyroïdie, même avec des analyses sanguines normales.

« Qu'y a-t-il de mal à prendre des hormones thyroïdiennes si ça m'aide à me sentir mieux ? »

Une dose quotidienne de 50 à 75 microgrammes ne fait aucun tort à la plupart des patients. Malheureusement, à mesure que l'effet placebo s'estompe, vous serez tenté d'augmenter la dose, ce qui peut produire des symptômes d'hyperthyroïdie. C'est encore plus probable si vous prenez à la fois de la thyroxine et de la triiodothyronine, comme un extrait thyroïdien animal (ArmourMD Thyroid, par exemple). À court terme, vous serez enchanté de toute perte de poids et du regain apparent d'énergie. À long terme, l'hyperthyroïdie provoquée donnera lieu à de l'ostéoporose, possiblement aux fractures, et à de l'arythmie (fibrillation auriculaire), à de l'insuffisance cardiaque, à un accident vasculaire cérébral et même à la mort.

« Je connais des patients qui prennent des hormones thyroïdiennes et des stéroïdes pour des symptômes comme les miens. »

La maladie d'Addison survient lorsque les surrénales, qui coiffent chacun des deux reins, produisent une quantité insuffisante de cortisol (hydrocortisone). Cela se produit parfois chez les patients atteints d'hypothyroïdie causée par une maladie auto-immune. Toutefois, le médecin n'est jamais justifié de prescrire à la fois des corticostéroïdes et des hormones thyroïdiennes aux patients qui présentent des symptômes d'hypothyroïdie, sans les avoir soumis à une analyse sanguine ou lorsque celle-ci est normale. À vrai dire, prescrire des corticostéroïdes en croyant que les surrénales fonctionnent mal, sans les analyses qui s'imposent, relève de la faute professionnelle médicale.

POINTS CLÉS

- Les mesures de T4 et de TSH sont fiables. Ces deux mesures comparées permettent au médecin de décider s'il y a présence ou non d'hypothyroïdie.
- Il est impossible d'être atteint d'hypothyroïdie si l'analyse sanguine révèle des taux formellement normaux de T4 et de TSH.
- On ne doit jamais commencer un traitement aux hormones thyroïdiennes sans analyse sanguine justifiant ce traitement.

Questions et réponses

Est-ce que je dois modifier mon alimentation ?

Vous savez peut-être que l'iode est lié à la thyroïde. À vrai dire, l'iode fait partie intégrante des molécules de thyroxine (T4) et de triiodothyronine (T3). Une carence d'iode dans l'alimentation peut causer un goitre ou même l'hypothyroïdie. On observe couramment ce problème chez les gens qui vivent dans les régions montagneuses, loin de la mer, comme dans l'Himalaya. Cependant, au Royaume-Uni l'alimentation contient des quantités suffisantes d'iode et vous n'avez pas à prendre de suppléments. Les incrédules peuvent se procurer du sel iodé dans les supermarchés. Cela dit, une consommation excessive d'iode peut révéler une maladie thyroïdienne sous-jacente, et causer à la fois l'hyperthyroïdie et l'hypothyroïdie.

Est-il nocif de fumer ?

L'affection oculaire qui accompagne la maladie de Basedow est plus courante et plus grave chez les patients qui fument. Les patients qui souffrent d'hyperthyroïdie causée par la maladie de Basedow devraient cesser de fumer.

Est-ce que mon hyperthyroïdie est due au stress ?

Bien que ce soit difficile à prouver, la plupart des spécialistes de la thyroïde sont frappés de voir la fréquence avec laquelle les événements stressants de la vie, comme un divorce ou le décès d'un proche, semblent précéder de quelques mois à peine, l'apparition de l'hyperthyroïdie causée par la maladie de Basedow. Il a été démontré que le stress perturbe le système immunitaire, qui est anormal dans la maladie de Basedow. Par conséquent, la réponse est probablement oui, mais il existe d'autres facteurs importants, comme l'hérédité, entre autres.

Est-ce que mon bébé aura des troubles de thyroïde ?

Les enfants qui naissent de mères atteintes de la maladie de Basedow ou qui ont des antécédents familiaux de cette maladie peuvent souffrir d'hyperthyroïdie, qu'on appelle la thyrotoxicose néonatale. Elle ne persiste que quelques semaines. L'obstétricien et le pédiatre surveilleront la présence de cette complication rare qui est facile à traiter. À l'occasion, les mères atteintes d'hypothyroïdie donnent naissance à un enfant qui en souffre également. Encore une fois, cet état est de courte durée et sera décelé par l'analyse sanguine de routine subie par tous les bébés quelques jours suivant la naissance.

Est-ce que mes enfants en seront atteints ?

Pas nécessairement. En fait, le risque est relativement faible, bien qu'il soit plus élevé que chez les enfants qui n'ont aucun antécédent familial de maladie auto-immune. Ce n'est pas non plus toujours la même maladie qui est héréditaire. Par exemple, une mère peut avoir la maladie de Basedow alors que sa fille développe le diabète insulino-dépendant (de type 1).

Est-ce que mon trouble de thyroïde pourrait expliquer le fait que j'ai échoué à mes examens ?

L'hyperthyroïdie est plus susceptible de survenir chez les personnes qui sont à l'âge de passer des examens. Si la maladie n'est pas traitée adéquatement, l'incapacité à se concentrer qui en découle, nuira certainement au rendement scolaire. Le spécialiste se fera un plaisir de rédiger une note à l'enseignant-chef ou au directeur du collège pour lui expliquer le problème.

Est-ce que mon trouble de thyroïde pourrait avoir causé mon anxiété ou ma dépression ?

La réponse est presque certainement non. Cela dit, l'hyperthyroïdie et l'hypothyroïdie aggraveront une maladie psychiatrique sous-jacente. Malheureusement, même si une personne atteinte d'hyperthyroïdie est traitée avec succès et que la maladie est contrôlée, ses symptômes psychiatriques ne disparaîtront pas complètement, bien qu'ils puissent s'atténuer.

Est-ce que ma maladie de Basedow récidivera ?

Si on a réussi à traiter votre hyperthyroïdie avec l'iode 131, elle ne récidivera jamais. Si l'hyperthyroïdie a été contrôlée après un seul traitement avec le carbimazole, le risque de récidive est de 30 à 50 pour cent, en général dans les deux années suivant la fin du traitement. La récidive suivant une intervention chirurgicale survient en général dans les quelques semaines qui suivent, mais elle peut se manifester de nouveau 40 ans plus tard.

Quelles sont les conséquences si j'oublie de prendre mes médicaments ?

S'il vous arrive d'oublier vos comprimés à l'occasion, ce n'est pas la fin du monde. À vrai dire, les symptômes de l'hypothyroïdie causés par la carence en thyroxine ne se manifestent pas avant deux ou trois semaines après avoir cessé de prendre les comprimés.

Par conséquent, vous pourrez profiter de vos vacances pendant 7 à 10 jours si vous avez laissé vos médicaments par mégarde à la maison.

Toutefois, ce n'est pas recommandé. En outre, les patients atteints d'hyperthyroïdie peuvent souffrir d'autres maladies auto-immunes, comme le diabète sucré. Si vous ne prenez pas vos comprimés de thyroxine régulièrement, la réaction à l'insuline en sera affectée et vous pourriez vous retrouver dans le coma en raison d'un faible taux de glucose sanguin.

Encore une fois, si vous oubliez une dose par inadvertance, vous n'aurez pas de problèmes graves, mais vous aurez probablement des symptômes d'hyperthyroïdie si vous oubliez vos comprimés pendant 24 à 48 heures, surtout dans les premières semaines du traitement.

Je me sens mieux lorsque je prends une dose de thyroxine plus forte que celle que me recommande mon médecin. Est-ce dangereux ?

La dose adéquate de thyroxine fait l'objet d'un vaste débat. Tous s'entendent sur le fait qu'on doit prescrire une quantité suffisante pour s'assurer que les taux sanguins de T4 sont à la limite supérieure de l'intervalle normal, ou légèrement plus élevés, et que les taux de TSH sont à la limite inférieure de l'intervalle normal, ou chez certains patients, indécelables. Bien qu'une quantité excessive de thyroxine puisse donner un sens de bien-être, un regain d'énergie et même provoquer une perte de poids à court terme, à long terme, il y a des risques de maladies cardiaques et la possibilité d'accélérer l'amincissement des os, ce qui favorise l'ostéoporose.

Est-ce que les examens radioactifs nuiront à ma fertilité ?

Absolument pas. La radioactivité en jeu est vraiment infime – inférieure à celle des rayons X – et vous n'avez donc absolument rien à craindre.

Est-ce que le traitement pour la maladie de Basedow me fera prendre du poids ?

Non. Il est toutefois possible que vous repreniez le poids perdu avant que votre état ne soit diagnostiqué et traité. Cela dit, il n'y a aucune raison pour que votre poids soit supérieur à celui qu'il était avant la maladie.

On a donné de la thyroxine à ma fille à sa naissance, parce qu'elle souffrait d'hypothyroïdie. Est-ce qu'elle devra en prendre jusqu'à la fin de sa vie ?

Pas nécessairement. Vers l'âge d'un an, on cessera de lui en donner et elle subira une analyse sanguine pour savoir si elle en a toujours besoin.

Est-ce que le moment de la journée où je prends mes comprimés de thyroxine est important ?

Non, mais la plupart des gens préfèrent les prendre au même moment tous les jours. De cette façon, il y a moins de risques de les oublier. Le choix du moment n'a rien à voir avec les repas.

Glossaire

Dans ce glossaire, vous trouverez la définition des termes les plus fréquemment utilisés cliniquement, et les termes connexes liés au diagnostic et au traitement des troubles de la thyroïde.

agranulocytose : maladie du sang rare caractérisée par une importante réduction du nombre de globules blancs (leucocytes) dans la circulation sanguine. La personne atteinte est vulnérable à diverses infections bactériennes qui se manifestent par des symptômes comme le mal de gorge (pharyngite), les aphtes buccaux et une forte fièvre.

anticorps : ils sont produits par le système immunitaire de l'organisme comme mécanisme de défense contre les protéines « étrangères », contenues par exemple dans les bactéries. Normalement, les anticorps ne se forment pas contre les protéines qui font partie de l'organisme.

carbimazole : le médicament le plus courant au Royaume-Uni dans le traitement de l'hyperthyroïdie. Il agit en interférant avec la production excessive d'hormones thyroïdiennes.

cytoponction (FNAB pour *fine needle aspiration biopsy*) : un test au cours duquel on insère une petite aiguille dans la thyroïde et on aspire un petit échantillon de tissu pour l'examiner au microscope. Cette technique permet souvent d'éviter l'intervention chirurgicale chez les patients atteints d'un certain type de goitre.

euthyroïdien : terme qui décrit la fonction normale de la thyroïde.

exophtalmie : proéminence des yeux que l'on retrouve surtout chez les patients atteints d'hyperthyroïdie causée par la maladie de Basedow. L'exophtalmie peut affecter un œil ou les deux. Elle peut être évidente avant l'apparition de l'hyperthyroïdie et se manifester pour la première fois après un traitement réussi de l'hyperthyroïdie.

gènes : partie des cellules de l'organisme qui contient l'information biologique des traits que les parents transmettent à leurs enfants pendant la reproduction. Ils contrôlent la croissance et le développement des cellules.

goitre : thyroïde qui a augmenté de volume.

hormones : messagers chimiques qui modifient l'activité de cellules cibles données. Ils sont produits par des glandes et des organes précis et transportés à leur site d'action par la circulation sanguine.

hyperthyroïdie : état provoqué par l'accroissement des sécrétions de la glande thyroïde.

hypothyroïdie : état provoqué par la diminution des sécrétions de la glande thyroïde.

iode radioactif (iode 131) : un isotope de l'iode utilisé dans les examens et le traitement de l'hyperthyroïdie.

maladie auto-immune : anticorps produits à tort par l'organisme qui visent ses propres constituants. Par exemple, chez la plupart des patients atteints d'hypothyroïdie, il se forme des anticorps qui contribuent à détruire la thyroïde, alors que dans la maladie de Basedow, les anticorps qui visent la surface des cellules thyroïdiennes les stimulent à produire des hormones en excès.

maladie de Basedow (ou de Graves) : nom donné à la forme la plus courante d'hyperthyroïdie. Les patients présentent souvent une exophtalmie, un goitre et des plaques cutanées rouges et surélevées sur les jambes qu'on appelle myxœdème prétibial.

myxœdème : équivalent de l'hypothyroïdie. On utilise souvent ce terme pour décrire les patients chez qui l'activité de la thyroïde est grandement réduite depuis longtemps.

propanolol (Inderal) : médicament appartenant à un groupe connu sous le nom de bêtabloquants, qui soulage certains symptômes, comme les tremblements chez les patients atteints d'hyperthyroïdie. Dans ce groupe de médicaments, on retrouve également le nadolol (Corgard) et le sotalol (Sotacor).

proptosis : un autre terme pour l'exophtalmie.

propylthiouracile : le mode d'action de ce médicament est semblable à celui du carbimazole. On le prescrit si le patient présente des effets indésirables au carbimazole et aux femmes atteintes d'hyperthyroïdie qui allaitent.

tétanie : elle résulte d'un faible taux de calcium sanguin et s'accompagne de fourmillements dans les mains, les pieds et autour de la bouche, et de spasmes musculaires douloureux dans les mains et les pieds.

thyroglobuline : une protéine sécrétée par la glande thyroïde. Sa mesure joue un rôle important dans le suivi des patients qu'on a traités pour un cancer thyroïdien. On l'appelle « marqueur tumoral » parce que sa présence peut dans certains cas indiquer la récidive du cancer ailleurs dans l'organisme.

thyroïdite de Hashimoto : nom donné à une forme particulière de goitre causé par une maladie auto-immune. Bien que la thyroïde ait augmenté de volume, il y a souvent des signes d'hypothyroïdie.

thyroïdite De Quervain : une forme de thyroïdite virale qui peut survenir à la suite d'une infection virale de la thyroïde.

thyroïdite post-partum : trouble transitoire dans l'équilibre de la glande thyroïde qui peut se produire dans la première année après la naissance. Les symptômes sont rares, mais il peut y avoir des signes d'hyperthyroïdie ou d'hypothyroïdie. En général, le traitement n'est pas nécessaire.

thyrotoxicose : un autre terme pour l'hyperthyroïdie.

thyréostimuline (TSH) ou thyrotropine : une hormone sécrétée par l'hypophyse qui contrôle la production d'hormones thyroïdiennes par la thyroïde. Dans l'hypothyroïdie causée par une maladie de la thyroïde, les concentrations sanguines de TSH sont élevées, alors que dans l'hypothyroïdie, elles sont faibles.

thyroxine (T4) : une hormone sécrétée, avec la triiodothyronine, par la glande thyroïde. L'organisme doit la convertir en triiodothyronine pour qu'elle soit active. On peut se procurer la thyroxine sous forme de comprimés pour le traitement de l'hypothyroïdie.

triiodothyronine (T3) : une hormone sécrétée, avec la thyroxine, par la glande thyroïde. Elle contrôle le métabolisme. Bien qu'elle existe sous forme de comprimés, on la prescrit rarement aux patients atteints d'hypothyroïdie, car elle offre un moins bon contrôle que la thyroxine.

Index

Vos pages

Nous avons inclus les pages ci-après en vue de vous aider à gérer votre maladie et son traitement.

Avant de fixer un rendez-vous avec votre médecin de famille, il serait utile de dresser une courte liste des questions que vous voulez poser et des choses que vous ne comprenez pas afin de ne rien oublier.

Certaines des sections peuvent ne pas s'appliquer à votre cas.

Soins de santé : personnes-ressources

Nom :

Titre :

Travail :

Tél. :

Nom :

Titre :

Travail :

Tél. :

Nom :

Titre :

Travail :

Tél. :

Nom :

Titre :

Travail :

Tél. :

Antécédents importants – maladies/ opérations/recherches/traitements

Événement	Mois	Année	Âge (alors)

Rendez-vous pour soins de santé

Nom :

Endroit :

Date :

Heure :

Tél. :

Nom :

Endroit :

Date :

Heure :

Tél. :

Nom :

Endroit :

Date :

Heure :

Tél. :

Nom :

Endroit :

Date :

Heure :

Tél. :

Rendez-vous pour soins de santé

Nom :

Endroit :

Date :

Heure :

Tél. :

Nom :

Endroit :

Date :

Heure :

Tél. :

Nom :

Endroit :

Date :

Heure :

Tél. :

Nom :

Endroit :

Date :

Heure :

Tél. :

Médicament(s) actuellement prescrit(s) par votre médecin

Nom du médicament :

Raison :

Dose et fréquence :

Début de l'ordonnance :

Fin de l'ordonnance :

Nom du médicament :

Raison :

Dose et fréquence :

Début de l'ordonnance :

Fin de l'ordonnance :

Nom du médicament :

Raison :

Dose et fréquence :

Début de l'ordonnance :

Fin de l'ordonnance :

Nom du médicament :

Raison :

Dose et fréquence :

Début de l'ordonnance :

Fin de l'ordonnance :

Autres médicaments/suppléments que vous prenez sans une ordonnance de votre médecin

Nom du médicament/traitement :

Raison :

Dose et fréquence :

Début de la prise :

Fin de la prise :

Nom du médicament/traitement :

Raison :

Dose et fréquence :

Début de la prise :

Fin de la prise :

Nom du médicament/traitement :

Raison :

Dose et fréquence :

Début de la prise :

Fin de la prise :

Nom du médicament/traitement :

Raison :

Dose et fréquence :

Début de la prise :

Fin de la prise :

Questions à poser lors des prochains rendez-vous

(Note : N'oubliez pas que le temps que peut vous consacrer votre médecin est limité. Il est donc préférable d'éviter les longues listes de questions.)

Questions à poser lors des prochains rendez-vous

(Note : N'oubliez pas que le temps que peut vous consacrer votre médecin est limité. Il est donc préférable d'éviter les longues listes de questions.)

Notes